लोकतंत्र भारत की राष्ट्रीयता के
युगपुरुष
श्री अटल बिहारी वाजपेयी

संपादन
प्रो. पुष्पिता अवस्थी

सह-संपादन
नरेन्द्र कुमार वर्मा

डायमंड बुक्स
www.diamondbook.in

प्रकाशक : डायमंड पॉकेट बुक्स (प्रा.) लि.
X-30 ओखला इंडस्ट्रियल एरिया, फेस -II
नई दिल्ली- 110020
फोन : 011-40712200
ई-मेल : sales@dpb.in
वेबसाइट : www.diamondbook.in
संस्करण : 2024
मुद्रक : आदर्श प्रिंटर्स, शाहदरा, दिल्ली

Loktantr Bhart Ki Rashtriyta Ke Yugpurush-Atal Bihari Vajpayee
by: Pushpita Awasthi
Edt By : Narender Kumar Verma

अभिनन्दन अभिलेख

राष्ट्र सृजन-जीवन आहुतियों पर निर्भर करता है। स्वाधीनता के अमृतकाल की उपलब्धियाँ राष्ट्र सेवा साधकों के जीवन अर्पण से सम्भव हो सकी हैं। सृजन समर्पण से ही सम्भव है। निर्माण में चेतना और सम्वेदना की महत्वपूर्ण भूमिका रहती है। जितना अधिक हम समय को रचते हैं उससे अधिक समय हमें रचता है। युगपुरुष व्यक्तित्वों के सृजन में अलौकिक शक्तियों का अविस्मरणीय योगदान रहता है।

राष्ट्रनिर्माता व्यक्तित्व वस्तुतः युग निर्माता भी होते हैं जो अनजाने ही राष्ट्र निर्माण के साथ-साथ राष्ट्र के भीतर कई भावी पीढ़ियों को भी तैयार करने में लगे रहते हैं। राष्ट्र निर्माण के लिए राष्ट्र को संगठित करना जितना अनिवार्य है उससे अधिक राष्ट्र की शक्तियों को पहचानना और उन्हें एक जुट करना आवश्यक है।

भारत रत्न, अटल जी के कवि हृदय की पक्तियाँ हैं-

"युवक हार जाते हैं, लेकिन यौवन कभी न हारा
एक निमिष की बात नहीं चिर संघर्ष हमारा
अब न चलेगा राष्ट्र प्रेम का गर्हित सौदा
यह अभिनव चाणक्य न फलने देगा विष का पौधा"

इन चार पक्तियों में अटल जी की राष्ट्र निर्माणक संजीवन दृष्टि से संकल्पित विचार हैं।

राष्ट्र अपने नागरिकों का विधाता होता है राष्ट्र भूमि उसकी मातृभूमि होती है। राष्ट्र से ही व्यक्ति को संस्कार और जीवन को संस्कृति हासिल होती है। स्वयं के कवि होने के कारण मुझे अटल जी का संरक्षण हासिल हुआ। जिस तरह कवि होना ईश्वरीय वरदान है उसी तरह अटल जी के दर्शन करना ईश्वराशीष है।

विदेश मंत्रालय के भारतीय सांस्कृतिक सम्बन्ध परिषद द्वारा सूरीनाम देश के लिए 2001 में चयन होने के बाद पारामारिबो के लिए प्रस्थान से पूर्व प्रधानमंत्री आवास पर जाने और अनौपचारिक बैठक में अटल जी के

समक्ष 'काव्य पाठ' का अवसर मिला। श्री अटल जी से आशीष लेने निमित्त चरण-स्पर्श के लिए झुकी ही थी उन्होंने कहा- इस बार हिन्दी सेवाओं और भारतीय संस्कृति के प्रचार के लिए एक कवि और स्त्री शक्ति को भेजा जा रहा है। इसका परिणाम बहुत अच्छा होगा" उनकी यह आवाज़ सूरीनाम में मेरी सेवाओं के लिए शक्ति बनी रही। सातवाँ विश्व हिन्दी सम्मेलन का सफल संयोजन किया। जिससे वे बेहद प्रसन्न थे। बाद में उनकी प्रेरणा और मार्गदर्शन से नीदरलैंड में हिन्दी यूनिवर्स फाउन्डेशन की स्थापना की। कैरेबियाई देशों में हिन्दी शिक्षा, पुस्तक अटल जी को समर्पित की। जिस पर उनका आशीष पत्र प्राप्त हुआ। अटल जी ने अपने व्यक्तित्व के प्रभाव से मुझे विश्व के लिए भारतीय संस्कृति और हिन्दी भाषा का कार्यकर्ता बना दिया।

इस तरह अटल जी की प्रेरणाएँ मेरे जीवन संवर्धन में मुझसे जुड़ी रहीं।

राष्ट्रीय स्तर पर सत्ता सँभालते ही श्री अटल जी ने भारतीय उद्योग परिसंघ का मार्ग दर्शन किया। अंतर्राष्ट्रीय स्तर पर न्यूयार्क में एशिया सोसायटी के मंच पर सचेत करते हुए कहा था- "व्यवस्था में व्याप्त असमानताओं को यह कहकर तर्क संगत नहीं ठहराया जा सकता कि बाज़ार की शक्तियों का परिणाम है और इनमें किसी तरह का सरका. री हस्तक्षेप संभव नहीं बीसवीं सदी ने इसकी भारी कीमत चुकाई है, जिससे साम्यवाद का सैद्धान्तिक दुराग्रह निकला।"

अटल जी का आर्थिक प्रबंधन कई दृष्टियों से सुफल पारिवारिक संयोजन सरीखा था। वे मानते थे कि उत्पादकता, रोजगार के अवसरों में बढ़ोत्तरी और प्रतिस्पर्धा के माध्यम से प्रगति का सुख सम्भव है। वे अपनी पार्टी के राजनीतिक आकार के बहुत बड़े हैं क्योंकि वे व्यापक और वैश्विक है इसीलिए वे जितने पार्टी के भीतर थे उससे अधिक पार्टी के बाहर देश और विश्व में समाये हुए थे। उन्होंने राष्ट्रीय नेतृत्व के मूल्य और दृष्टि बद्दल दी थी इसलिए वे नये भारत के निर्माता हो सके। वाजपेयी जी की जीवन घटनाओं और उनके आचरण-शास्त्र को यदि गम्भीरता से परखा जाये तो उन्होंने राजनीति में सफल होने के लिए राष्ट्र में सफल होने की रणनीति बनायी और इसके लिए उन्होंने स्वयं को जन नायक लोकप्रिय राजनीतिज्ञ सिद्ध किया।

राष्ट्र, राष्ट्र-भाषा और राष्ट्र की संस्कृति, के प्रति प्राणपण के समर्पित श्री अटल जी ने स्वयं में 'अभिनव चाणक्य' की गुणात्मक शक्तियों को युगानुकूल अवतरित कर लिया था। वे राष्ट्रीय एकता के संरक्षक संत सिद्ध

हुए हैं इसलिए गहरे अर्थों में अटल जी प्रगाढ़ हिन्दुत्व के विवेकी विचारक भी माने गये। यही कारण है कि राजनीतिक प्रकोप से ग्रस्त होने के बावजूद अयोध्या की आस्था भय में नहीं बदल सकी और त्रिशूल का विश्वास भी जनमन को अनुशासित किये रखा।

संतुलित राजनीति के लिए हार्दिक मानसिकता और मानसिकता में समा. जसेवी हार्दिकता की अपेक्षा रहती है। देशभक्ति की चेतना से ही स्वदेश का भावबोध विकसित होता है। स्वदेश प्रेम से ही स्वदेशी संस्कृति का उदय होता है। जो स्वदेशी शिक्षा से ही सम्भव है। बिना स्वदेशी हुए देश में राष्ट्रधर्म की चेतना विकसित करना असम्भव है। अटल जी ने राष्ट्र निर्माण के इन कालजयी निर्माणक घटकों को बहुत पहले से पहचानना शुरू कर दिया था। जिनकी पदचाप उनके भाषणों में गूँजने लगी थी। स्वदेश, स्वराज्य और स्वधर्म जैसे राजनीतिक शब्दों का उन्होंने अपनी राष्ट्र निर्माण चेतना में बहुत पहले ही विलय कर लिया था। गीता और रामायण के कल्याणकारी जीवन सूत्र से उनका मानस ही नहीं अपितु वाणी भी विभुषित थी।

अटल जी ने राष्ट्र–हितार्थ राजनीतिज्ञ के लिए समर्पित राष्ट्रधर्म का नया व्याकरण रचा। वे कहा करते थे कि– “मुझे पसन्द कीजिए और मेरी पार्टी को नहीं, यह नहीं चल सकता।” अटल जी ने “सम्पर्क क्रांति” की नीव रखी जिसने विश्व में भारतीय शक्ति की जयघोष का शिलान्यास किया।

27 मई, 1990 को लोकसभा में, विश्वास मत प्रस्तुत करते हुए अटल बिहारी वाजपेयी ने अपने वक्तव्य में कहा–

“सभी धर्मों को, पंथों को समान दृष्टि से देखना हिन्दू–चिंतन का निचोड़ है। यह हमारी अस्मिता है भारत में अनेक मत है अनेक मतान्तर। केवल एक पुस्तक नहीं है, एक पैगम्बर नहीं है। यहाँ ईश्वर को मानने वाले है, ईश्वर को नकारने वाले का है, यहाँ किसी को सूली पर नहीं चढ़ाया गया और न किसी को पत्थर मारकर दुनिया से उठाया गया। यह सहिष्णुता इस देश की मिट्टी में है इस देश में कभी मजहबी राज्य की माँग नहीं उठी– मजहब के नाम पर, मत भिन्नता के आधार पर उत्पीड़न की बात नहीं उठी, न उठेगी न उठनी चाहिए। भारत सैकुलर है, सैकुलर रहेगा। हम अपने पड़ोसी देशों की तरह मजहबी राज्य नहीं बनेंगे।”

अपने राष्ट्र की ऐतिहासिक विरासत और मानवीय सांस्कृतिक शक्ति पर ऐसा संक्षिप्त सभाषण दुर्लभ है। अटल जी के व्यक्तित्व में राष्ट्र की अस्मिता बोलती थी। राष्ट्र निर्माता चाणक्य की नीतियाँ उनके

राजनीतिक निर्णयों की शक्ति पुंज बनी। स्वयं में अभिनव चाणक्य की अनुभूति करके ही कवि प्रधानमंत्री श्री अटल बिहारी वाजपेयी जी गर्व के साथ लिख सके-

"यह अभिनव चाणक्य न फलने देगा विष का पौधा।" स्वाधीन भारत के 75 वे वर्ष के अमृत काल में गर्व से कह सकते है कि श्री अटल बिहारी वाजपेयी स्वाधीन भारत के राष्ट्र निर्माता और राष्ट्रपिता हैं। सम्पूर्ण पुस्तक उनके अद्‌भुत व्यक्तित्व की उद्‌घोषिका है जिससे प्रेरणा ग्रहण करने के अनेक प्रसंग है। राष्ट्र के लिए समर्पित होने के अनेकों उद्धहरण और कारण है। राष्ट्रहित-हर व्यक्ति के जीवन का प्रथम लक्ष्य और स्वार्थ होना चाहिए क्योंकि राष्ट्र के समृद्ध और सुरक्षित होने में ही हम, हमारा परिवार और हमारा घर सुरक्षित है।

दुर्लभ संयोग है कि राष्ट्रीय स्वाधीनता के 75 वें वर्ष अमृत काल हीरक जयंती के अवसर पर राष्ट्र निर्माता प्रधानमंत्री श्री अटल बिहारी वाजपेयी जी के विशेष जन्मोत्सव पर यह पुस्तक डायमंड प्रकाशन से प्रकाश में आ रही है। प्रकाशन के कार्यकर्ता स्वामी श्री नरेन्द्र कुमार वर्मा जी ने 3 नवम्बर को राष्ट्र के लिए पुस्तकें प्रकाशित करते हुए हीरक जयंती पूर्ण की। वे अपने जीवन प्रारम्भिक काल से ही श्री अटल जी के भक्त रहे और उनके भाषण ों को सुनने के लिए भाषण स्थलों पर दीवानों की तरह भूखे-प्यासे पहुँचते और डटे रहते थे। इस डटे रहने और अटल जी के भाषणों ने ही प्रकाशन की दुनिया में श्री नरेन्द्र जी के लक्ष्य और सेवाओं को निर्धारित कर दिया। अब तक 500 से अधिक लेखकों की पुस्तकें

प्रकाशित कर चुके हैं। पुस्तकों की तैयारी में हमेशा इनकी महत्वपूर्ण भूमिका रहती है। प्रकाश-स्तम्भ के अन्तर्गत लिखा हुआ इनका वक्तव्य इसका प्रमाण है। कवि अटल जी के अभिनन्दन निमित्त श्री प्रदीप कुमार जैन जी की कविता संलग्न है। जिससे पाठकों को अटल जी के दूसरे लोक के सम्मान की सूचना मिलेगी।

राष्ट्र निर्माण की दिशा में उत्सुक पाठकों के लिए यह पुस्तक शक्ति का स्रोत सिद्ध हो। इसी महती कामना के साथ और स्वाधीन स्वदेशी संस्कृति के उन्नायक साधक श्री अटल जी का पुनः अभिनन्दन।

प्रो. पुष्पिता अवस्थी

समर्पण पूर्ण स्मरण मेरे प्यारे अटल जी

प्रस्थान दिवस पर स्वर्ग में चल रही देखो बड़ी तैयारी है।
बढ़ चली है लोगो में बेचैनी कैसी निराली है!
जरूर कोई बड़ी शख्सियत यहाँ आने वाली है,
स्वयं देवराज इंद्र कर रहे स्वागत की तैयारी है!

15 अगस्त, देवराज के मुंडेर पे, कागा बोलता रहा,
कोई विरला होगा वरना कागा ऐसे इशारा करता कहाँ!
बेचैन देवराज ने डॉ. कलाम से मांगी तुरंत सलाह,
बात सुनी तो हर्षित मन से राज्यसभा उन्होंने बुलाई!
कल आने वाली है स्वर्ग में बहुत पावन परम आत्मा,
सजाओ स्वर्ग, स्वागत में सहूँगा नहीं कोई भी कोताही!

समय बेरी, कटने को बिलकुल नहीं राजी था,
वरुण पवन चंद्र सबको यम का इंतजार था!
उर्वशी, रम्भा, मेनका, जो यम को गिनते ना थे,
किसके वैभव से, आज उनके इंतजार में खड़े थे!

हुआ इंतजार खत्म, स्वर्ग के दरवाजे पर आहट हुई,
देख अटलजी, खुशी से आँखे सबकी नम हुई!
डॉ. कलाम को देख खुशी से उन्हें गले लगाया,
बोले थोड़े दिन और रह लो में तुमको लेने आया!

कोई शक नहीं, स्वर्ग की छटा सुन्दर और निराली है,
लेकिन हमको माँ वसुंधरा और भारत भूमि प्यारी है!

यहाँ आँखे नम, वहां आँखे नम ऐसे अटलजी शख्स हुए,
माँ वसुंधरा के आँचल में समा, सदा के लिए अमर हुए!

सहस्त्रादिओ में आती ऐसी हुतात्मा, जिनसे भूत भविष्य, अभिभूत हुए,
एक पावन सरल अटलजी से देखो दोनो जहाँ पवित्र हुए!
दोनों जहाँ पवित्र हुए, दोनो जहाँ पवित्र हुए।

–श्री प्रदीप कुमार जैन (एडवोकेट)

सम्पादकीय

प्रकाश स्तम्भ

अटल बिहारी वाजपेयी भारत के उन दुर्लभ नेताओं में हैं, जिनको सर्वस्वीकार्य जन नायक कहा जा सकता है। यह पुस्तक एक जननायक और असाधारण वक्ता के रूप में उनकी अपूर्व वैचारिक ऊर्जा के सुलभ पुंज के रूप में आपके सामने है। इसी वैचारिक विलक्षणता के कारण अटलजी पहली बार चुनकर लोकसभा पहुंचते ही चर्चा में आ गए। जब पंडित जवाहरलाल नेहरू ने उन्हें विदेश नीति पर बोलने का मौका दिया तो अटलजी के तर्कों से पंडितजी इतने प्रभावित हुए कि उन्होंने कहा था, 'वाजपेयी जी के अंदर देश का नेतृत्व करने के सारे गुण मौजूद हैं।'

अटलजी 11 भाषाओं के जानकार और संसारभर के तमाम विषयों के मर्मज्ञ थे। उनकी सराहना पंडित जवाहरलाल नेहरू से लेकर आज तक के सभी जन नायकों ने की है। बिना कटुता उत्पन्न किये अपने तर्कों से किसी को भी सहमत करना उनकी ही क्षमता थी कि भारत के लोकतांत्रिक इतिहास में सर्वाधिक पार्टियों की सहभागितावाली गठबंधन सरकार को बिना झंझट उन्होंने संचालित किया।

वैचारिक स्तर पर जिस तरह की उदार भावनाएं वह रखते थे, उसी तरह वह व्यवहारिक स्तर पर भी उदारता का आचरण करने के लिए प्रसिद्ध रहे हैं। विपक्ष के नेता के रूप में भी जब और जहां सत्तारूढ़ दल और उसके मुखिया की न्यायसंगत सराहना करने वाली परिस्थिति उत्पन्न हुई, अटलजी हिचके नहीं।

अटलजी की बहुमुखी प्रतिभा की ही तरह उनके व्यक्तित्व के भी अनेक आयाम हैं। वह राष्ट्रीय स्वयं सेवक संघ के स्वयंसेवक रहे, जनसंघ के संस्थापक सदस्य रहे, राजनैतिक कार्यकर्ता रहे, संघ के मुखपत्र राष्ट्रधर्म के संपादक रहे, देश के सर्वोत्तम सांसद के रूप में सम्मानित किये गए, दशकों तक नेता प्रतिपक्ष रहे, विदेश मंत्री रहे और प्रधानमंत्री भी रहे। उनकी किसी भी भूमिका की किसी ने भी आलोचना नहीं बम का सफल परीक्षण तक कराया। स्वयं एक उत्कृष्ट वक्ता होते हुए भी अटल जी बहुत धैर्य के साथ सबकी बातों को सुनते। उनके ज्ञान का स्तर इतना ऊंचा था कि गंभीर और विचारोत्तेजक विषयों पर भी बड़ी सरलता और चुटीले अंदाज में अपनी प्रतिक्रिया देते।

कांग्रेसी शासन के चरम काल में, अटलजी ने जयप्रकाश नारायण के आंदोलन के दौरान 1974 में पूरे देश में जनसभाओं को संबोधित किया और एक साल के भीतर

ही इंदिराजी ने उन्हें आडवाणी जी के साथ ही गिरफ्तार करके जेल में डाल दिया। प्रसिद्ध भाजपा नेता अरुण जेटली ने एक साक्षात्कार में कहा था कि नब्बे के आरंभिक दशक में अटलजी की देश-विदेश में ऐसी छवि बन गयी थी कि यह माना जाने लगा था कि अटलजी भले ही कभी देश के प्रधानमंत्री नहीं बने लेकिन इतिहास ने उन्हें अंततः सही साबित कर दिया। अरुण जेटली ने लिखा है, 'अटल जी संसदीय परंपरा में अच्छी तरह पारंगत और शिक्षित राजनेता थे। वे सर्व-सहमति और सामंजस्य के महत्त्व को समझते थे। कैबिनेट बैठकों में भी उनका आचरण कभी तनावपूर्ण नहीं रहता। यदि कभी मंत्रिमंडल की बैठकों में किसी मुद्दे पर लेकर हमारे बीच कोई विरोधाभास होता, तब भी वे हमें कभी रोकते नहीं थे बल्कि परस्पर चर्चा को प्रोत्साहित करते थे। वाजपेयी जी आर्थिक विषयों को लेकर उदारवादी थे। वे अवस्थापना विकास का महत्त्व समझते थे। उन्होंने ही देश को राष्ट्रीय राजमार्ग कार्यक्रम और ऊर्जा क्षेत्र में सुनियोजित सुधार किए।

इसमें कोई संदेह नहीं कि देश की स्वतंत्रता के बाद से आज तक अटल बिहारी वाजपेयी ही निर्विवाद रूप से सर्वश्रेष्ठ वक्ता रहे हैं । वे ऐसे व्यक्ति थे जिन्हें पूरा देश सुनना चाहता था। उनके भाषणों को सुनना अपने मस्तिष्क को तरोताजा बनाए रखने जैसा था। लोग उनके कहे गए हर शब्द पर बहस करते और उसके निहितार्थ तलाश करते। उन्होंने कभी सस्ती लोकप्रियता पाने के लिए जनता को बरगलाने और बहकाने का काम नहीं किया। उन्होंने हमेशा सामाजिक सौहार्द को महत्त्व दिया।

अटलजी की नेतृत्व क्षमता बेमिसाल थी। वह एनडीए सरकार के पहले ऐसे प्रधानमंत्री थे जिन्होंने गैर-कांग्रेसी प्रधानमंत्री के रूप में, 24 दलों के गठबंधन के बावजूद बिना किसी समस्या के पांच साल तक शासन किया। अटलजी ही वह राजनेता थे जिसने भारतीय जनता पार्टी को 1980-86 के दौरान नया स्वरुप और पहचान दी। वे नौ बार लोकसभा के लिए चुने गए। देश को परमाणु विस्फोट क्षमता देने वाले अटलजी ने ही भारत को आधुनिक मिसाइल तथा न्यूक्लियर शक्ति संपन्न देश बनाया।

उत्तर प्रदेश के वित्त मंत्री रहे भारतीय जनता पार्टी के वरिष्ठ नेता राजेश अग्रवाल ने एक अवसर पर बताया था कि किस तरह उत्तर प्रदेश में बसपा-भाजपा गठबंधन सरकार के समय उन्होंने मुख्यमंत्री मायावती द्वारा लिए जाने वाले मनमाने फैसलों को लागू नहीं होने दिया। भारत की तकरीबन हर राजनीतिक पार्टी ने अपने एजेंडे के बावजूद, धर्म, जाति, क्षेत्र, भाषा तथा मतभेदों से ऊपर उठकर उनको मान सम्मान दिया। सैद्धांतिक और वैचारिक आदर्शों को लेकर मतभिन्नता के कारण आमतौर पर भारत का अल्पसंख्यक समुदाय भारतीय जनता पार्टी से दूरी बनाये रखता है, परन्तु ये अटलजी ही थे जिन्होंने पार्टी में अल्पसंख्यकों को महत्त्व देने की शुरुआत कराई। इस सम्बन्ध

में प्रसिद्ध टीवी पत्रकार सुहेब इलियासी ने अपने एक बहुचर्चित लेख में लिखा है, 'वह किसी को सहमत करने की कतई कोशिश नहीं करते थे, उनके तर्क और तथ्य ही ऐसे होते थे कि असहमत होने का रास्ता ही नहीं बचता था। कट्टर इस्लामी सोच के लोगों ने भी उन्ही के कारण अनेक अवसरों पर सामंजस्य का मार्ग अपनाया।

अटलजी राजनीति में समर्थन और विरोध से ऊपर की सोच रखते थे। एक अवसर पर उन्होंने कहा, 'पहले सामाजिक क्षेत्र के कार्यकर्ता राजनीति में जाते थे इसलिए उनसे सामाजिक विषयों पर प्रबोधन की आशा होती थी। आज तो व्यक्ति सीधे राजनीतिक क्षेत्र से जुड़ना चाहता है और उसे ही सामाजिक कार्य समझता है। दुर्भाग्य से आज दलगत राजनीति समाज पर हावी है, लेकिन राजनीति से संचालित समाज का क्या हश्र होता है यह जानना हो तो अधिनायकवादी देशों का हश्र देख लें। राजनीति कभी समाज को संचालित नहीं कर सकती क्योंकि समाज जोड़ता है जबकि राजनीति तोड़ती है। इसलिए समाज से जुड़ी राजनीति की आवश्यकता है। आज राजनीतिक दलों का सामाजिक सरोकार संकुचित हुआ है। ऐसे में राजनीति को समाज के अनुरूप बनाने के लिए केवल राजनीतिक कार्यकर्ताओं को ही नहीं बल्कि समाज के हर वर्ग को आगे आना चाहिए।'

वाजपेयी के मीडिया सलाहकार रहे वरिष्ठ पत्रकार अशोक टंडन ने कहीं कहा था कि उनको कुछ लोगों ने प्रभावित करने की कोशिश करते हुए प्रयास किया था कि वह जवाहरलाल नेहरू और इंदिरा गांधी की तरह प्रधानमंत्री रहते हुए खुद को भारतरत्न दिलवाने में संकोच न करें, लेकिन इस बात पर वह कभी राजी नहीं हुए। बाद में वाजपेयी सरकार के दो वरिष्ठ मंत्रियों ने यह योजना बनाई कि उनके किसी विदेश दौरे की स्थिति में सरकार उन्हें भारतरत्न देने का निर्णय और घोषणा कर दें, परन्तु अटलजी को किसी प्रकार इसकी भनक लग गई और उन्होंने सख्ती से ऐसा करने से मना कर दिया।

अटलजी तीन बार भारत के प्रधानमंत्री रहे और उनकी लोकप्रियता हर बार बढ़ती ही गयी। साथ ही देश की आम जनता में उनके महान व्यक्तित्व के कारण ही भारतीय जनता पार्टी की स्वीकार्यता बढ़ती गयी। लोगों ने नरेंद्र मोदी में संभवत: अटल बिहारी वाजपेयी की ही छवि देखकर उनको महानायक के रूप में अपनाया है अन्यथा पूरे देश में भारतीय जनता पार्टी की इतनी प्रचंड लहर की, किसी को कल्पना नहीं थी। अटलजी वर्तमान भारतीय जनता पार्टी के पहले राष्ट्रीय अध्यक्ष थे। कांग्रेस सरकार के सबसे बड़े आलोचक होने के बावजूद कांग्रेसी नेता उनकी बहुत इज्जत करते थे। कम लोगों को याद होगा कि कांग्रेस के जबरदस्त दबाव के बावजूद भाजपा ने 1984 में सिखों के विरुद्ध 'आपरेशन ब्लू स्टार' का समर्थन करने से साफ इंकार कर दिया था। उसी साल लोकसभा चुनाव में अटलजी संसद में नेता प्रतिपक्ष बने।

इस पुस्तक में अटलजी द्वारा 2005 में राजनीति से संन्यास लेने तक के उन 72 भाषणों का संकलन किया गया है जो सर्वाधिक महत्वपूर्ण तथा प्रासंगिक हैं। आप पाएंगे कि अटलजी के भाषणों में देश के प्रत्येक नागरिक के लिए कुछ न कुछ मौलिक सोच है। मौलिकता ही उनकी वैचारिक भूमि है और तथ्यों की प्रस्तुति शैली उनकी भाषण के स्थायी प्रभाव का मूल कारण है। संचार क्रांति की बदौलत अटलजी के भाषणों को आप यूट्यूब समेत किसी भी सोशल मीडिया प्लेटफार्म पर देख-सुन सकते हैं। महसूस कर सकते हैं कि शब्दों के साथ ही वह खुद को बेहद प्रभावी अंदाज में चेहरे की विभिन्न मुद्राओं और भाव-भंगिमाओं से भी व्यक्त करते हैं। मुझे सदा से ही उनके भाषणों ने मोहित किया है और किसी चुम्बक के समान खींचा है। उनकी वैचारिक-शाब्दिक शालीनता और भावों की संतुलित गरिमा अविवर्चनीय है। स्वाधीनता के बाद के आरंभिक दिनों में जब लोकसभा-राज्यसभा में अंग्रेजी का बोलबाला होता था तब भी अटल जी हिंदी भाषा के खरे, निखरे और चमकते शब्दों का धारा प्रवाह उपयोग करते। कभी उनकी साहित्यिक और काव्यात्मक भाषा सबको पसंद आती थी। वह कभी भी व्यर्थ नहीं बोलते थे।

भारत और नेपाल के बीच तनाव पर एक बार अटल जी ने एक भाषण में कहा था 'दुनिया में कोई देश इतना निकट नहीं हो सकते जितने भारत और नेपाल हैं। इतिहास ने, भूगोल ने, संस्कृति ने, धर्म ने, नदियों ने हमें आपस में बाँधा है।'

जब अटल जी को 17 अगस्त 1994 को सर्वश्रेष्ठ सांसद का सम्मान दिया गया, तब उन्होंने कहा, 'मैं अपनी सीमाओं से परिचित हूं, मुझे अपनी कमियों का एहसास है। निर्णायकों ने अवश्य ही मेरी न्यूनताओं को नजर अंदाज करके मुझे निर्वाचित किया है। सद्भाव में अभाव दिखाई नहीं देता। यह देश बड़ा अद्भुत है और अनूठा है। यहां किसी भी पत्थर को सिंदूर लगाकर अभिवादन किया जा सकता है, अभिनंदन किया जा सकता है। लोकतंत्र 51 और 49 का खेल नहीं है, लोकतंत्र मूल रूप से एक नैतिक व्यवस्था है। संविधान और कानून सबका अपना महत्व है लेकिन लोकतंत्र एक ढांचा मात्र बनकर रह जाए, एक कर्मकांड में बदल जाए, उसकी प्राण शक्ति घटती जाए तो वहाँ कठिनाई पैदा हो जाती है। उस प्राण शक्ति को घटने न देना, हम सबकी जिम्मेदारी है। मैं आप सबको हृदय से धन्यवाद देता हूं। मैं प्रयत्न करुंगा कि इस सम्मान के लायक अपने आचरण को बनाये रख सकूं। जब कभी मेरे पैर डगमगाए तब ये सम्मान मुझे चेतावनी देता रहे कि इस रास्ते पर डांवाडोल होने की गलती नहीं कर सकते। बहुत-बहुत धन्यवाद।

उनको अनेक बार लखनऊ संसदीय से चुना गया और लखनऊ में उन्होंने लगातार बहुत अच्छे भाषण दिए। एक अवसर पर उन्होंने कहा, 'हमारे देश में गांव उपेक्षित हैं। उनकी फिक्र करने वाले दिल्ली नहीं छोड़ते, वहीं बैठे-बैठे सिर्फ चिन्ता करते

हैं। गांव में यदि कुएं न हो तो लोग प्यास से मर जाएं। हमारे यहां कुएं भगवान हैं। मैंने अपने क्षेत्र में हैडपंप लगवाए, पर पता चला कि वे गरमी में पानी नहीं देते। क्या अधिकारियों और ठेकेदारों ने आपस में सांठ-गांठ करके घटिया काम कराया या जलस्तर अचानक गायब हो गया? कोई भी कारण हो कार्रवाई होनी ही चाहिए। जहां देखो वहां घोटाला ही घोटाला। ये देश घोटालों में पूरी तरह से डुबा हुआ है। जनता के प्रतिनिधियों को विकास कार्यों पर खुद ही निगरानी रखनी होगी।'

अटलजी के भाषणों में लेखक, कवि, राजनेता और संविधानवेत्ता एक साथ नजर आते हैं। उनका लेखक और कवि राजनेता को मर्यादाओं का उल्लंघन नहीं करने देता। वे हमेशा ही दलगत भावनाओं से ऊपर उठकर देशहित के बारे में सोचते, लिखते और बोलते नजर आते हैं।

विविध मौकों पर दिए गए उनके भाषणों में भी प्रेरणा का कोष छिपा है। वे अपने भाषणों में बेहद साधारण परिस्थितियों को, असाधाारण बना देते हैं। जब वे प्रधानमंत्री बने तब उन्होंने लखनऊ की जनता के प्रति आभार प्रदर्शन के भाषण को देखते ही देखते एक नया ही रंग दे दिया था। अटलजी ने कहा था, 'अपने घर में कोई मेहमान नहीं होता, चुनाव में मैं आपका उम्मीदवार था। आप लोगों ने मुझे सेवा का अवसर दिया, आप लोगों के प्रति आभार प्रकट करने के लिये मैं यहां आया हुं। आप लोगों ने मुझे एमपी बनाया और संसद में बैठने का अधिकार पा गया। लखनऊ से मेरा बहुत पुराना नाता है। मैं 1946 में यहाँ एक मासिक पत्रिका के सम्पादक के रूप में आया था। मैं चाहता था कि उन पुरानी गलियों में फिर से जाऊं किन्तु अब सुरक्षा कारणों से ऐसा नहीं हो सकता।

अटल जी को अपने भारतवासी होने पर असीम गर्व है। एक अवसर पर उन्होंने काव्यमय भाषा में भारत भूमि की महत्ता बखानी, 'भारत जमीन का टुकड़ा भर नहीं है, यह जीता-जागता राष्ट्र पुरुष है। हिमालय इसका मस्तक है, गौरी शंकर इसकी शिखा है। कश्मीर इसका मुकुट है, पंजाब और बंगाल इसके दो विशाल कंधे हैं। विंध्याचल इसकी कटि है, नर्मदा करधनी है। पूर्वी और पश्चिमी घाट दो विशाल जंघाए हैं। कन्याकुमारी उसके चरण हैं, सागर उसके चरण पखारता है। पावस के काले-काले मेघ इसके कुंतल केश हैं। चाँद और सूरज इसकी आरती उतारते हैं। यह वंदन की भूमि है, यह अर्पण की भूमि है, अभिनंदन की भूमि है। यह तर्पण की भूमि है। इसका कंकर-कंकर शंकर है, इसका बिंदु-बिंदु गंगाजल है। हम जिएंगे तो इसके लिये और मरेंगे तो इसके लिए।'

इस पुस्तक को रिकार्ड समय में तैयार करने में डायमंड बुक्स के चेयरमैन नरेंद्र कुमार वर्मा ने बहुत योगदान दिया है। डायमंड बुक्स के प्रमुख सलाहकार तथा राष्ट्रीय

सम्मान प्राप्त अनेक बेस्ट सेलिंग पुस्तकों के लेखक डॉ. अशोक कुमार शर्मा ने भी इसमें सहायता की है। मैं इस सभी का आभार व्यक्त करना चाहूंगा।

अंत में अटलजी की बीमारी को लेकर तमाम चर्चाएं चलती रहती हैं। देश के एक प्रमुख टीवी चैनल के संचालक होने के नाते मैं अच्छी तरह जानता हूँ कि वह आज भी मानसिक रूप से बहुत सतर्क तथा सक्रीय हैं परन्तु ब्रेन स्ट्रोक ने उनसे बोलने की ताकत छीन ली है। अटलजी स्वयं को चुनिन्दा पारिवारिक मित्रों से मिलने, पढ़ने-लिखने और टीवी देखने में ही व्यस्त रखते हैं। दिन के समय वह विभिन्न फिजिकल ट्रेनिंग से गुजरते हैं। वह समझते सुनते सब कुछ हैं लेकिन बोल नहीं पाते। आज भी, वह सीमित मात्रा, में अपना पसंदीदा भोजन चाइनीज और प्रान्स खाते हैं।

यह पुस्तक मैंने मूलतः अटलजी के आरंभिक भाषणों से लेकर समस्त प्रमुख भाषणों को प्रस्तुत करने की भावना से तैयार की है। इसमें विभिन्न परिस्थितियों पर उनके कुल 72 भाषण हैं। इन भाषणों को प्रस्तुत करते समय यह ध्यान रखा गया है कि सभी प्रमुख मुद्दों पर उनके विचारों से पाठक अवगत हो सकें। मेरी सोच है कि अब तक अटलजी पर प्रकाशित किसी भी पुस्तक में एक साथ इतनी दुर्लभ सामग्री एक साथ नहीं मिलेगी।

लेखकीय सदा ही पुस्तकों के अंत में तैयार किये जाते हैं। आज जब मैं किताब को अंतिम रूप दे रहा हूँ तो मुझे ऐसा लगता है कि एक पुस्तक उनके निर्णयों पर, एक पुस्तक उनके पत्राचार पर और एक पुस्तक उनके व्यक्तित्व पर और लिखी जाए। समय ने अवसर दिया तो यह काम अवश्य करूंगा। कभी अवसर मिला तो मैं अटलजी के लोकसभा-राज्यसभा से बाहर दिए गए दुर्लभ भाषणों और अटलजी द्वारा कहे गए चुटीले वाक्यों, उद्धरणों तथा चुटकुलों का भी संग्रह भी प्रकाशित करने का प्रयास करूंगा।

-नरेंद्र कुमार वर्मा
nk@dpb.in

युग निर्माता प्रधानमंत्री श्री अटल जी का राष्ट्र के लिए संदेश

बाधाएं आती हैं आएं
घिरें प्रलय की घोर घटाएं,
पावों के नीचे अंगारे,
सिर पर बरसें यदि ज्वालाएं,
निज हाथों में हंसते-हंसते,
कदम मिलाकर चलना होगा।

हास्य-रुदन में, तूफानों में,
अगर असंख्यक बलिदानों में,
उद्यानों में, वीरानों में,
अपमानों में, सम्मानों में,
उन्नत मस्तक, उभरा सीना,
पीड़ाओं में पलना होगा।
कदम मिलाकर चलना होगा।

उजियारे में, अंधकार में,
कल कहार में, बीच धार में,
घोर घृणा में, पूत प्यार में,
क्षणिक जीत में, दीर्घ हार में,
जीवन के शत-शत आकर्षक,
अरमानों को ढलना होगा।
कदम मिलाकर चलना होगा।

सम्मुख फैला अगर ध्येय-पथ,
प्रगति चिरंजन कैसा इति-अब,

सुस्मित हर्षित कैसा श्रम श्लथ,
असफल, सफल समान मनोरथ,
सब कुछ देकर कुछ न मांगते,
पावस बनकर ढलना होगा।
कदम मिलाकर चलना होगा।

कुश काँटों से सज्जित जीवन,
प्रखर प्यार से वंचित यौवन,
नीरवता से मुखरित मधुबन,
परहित अर्पित अपना तन-मन,
जीवन को शत-शत आहुति में,
जलना होगा, गलना होगा।
कदम मिलाकर चलना होगा।

स्व. श्री अटल बिहारी वाजपेयी
प्रधानमंत्री भारत

विषय सूची

जीवनी

जीवनी

क्या खोया क्या पाया जग में

क्या खोया, क्या पाया जग में, मिलते और बिछड़ते मग में,
मुझे किसी से नहीं शिकायत, यद्यपि छला गया पग-पग में,
एक दृष्टि बीती पर डालें, यादों की पोटली टटोलें।
पृथ्वी लाखों वर्ष पुरानी, जीवन एक अनन्त कहानी,
पर तन की अपनी सीमाएँ, यद्यपि सौ शरदों की वाणी,
इतना काफी है, अंतिम दस्तक पर खुद दरवाजा खोलें।
जन्म-मरण का अविरत फेरा, जीवन बंजारों का डेरा,
आज यहाँ, कल कहाँ कूच है, कौन जानता किधर सवेरा।

भारत के भूतपूर्व प्रधानमंत्री एवं कवि हृदय राजनेता अटल बिहारी वाजपेयी का जन्म 25 दिसंबर, 1924 को मध्य प्रदेश के ग्वालियर में शिंदे की छावनी में हुआ था। यह बड़े ही सौभाग्य की बात है कि जिस दिन उनका जन्म हुआ था, उसी दिन ईसा मसीह का भी जन्म दिवस था। निकट के ही गिरजाघरों में घंटियों की टन-टन और घर में बज रहे ढोल-नगाड़ों की गड़गड़ाहट ने दृश्य और भी मनोरम बना दिया था। घर में बधाई देने वालों का तांता लगा हुआ था। चारों तरफ खुशियों का वातावरण था।

अटल बिहारी वाजपेयी के पिता का नाम पंडित कृष्ण बिहारी वाजपेयी और माता का नाम सुमा देवी था, जिसे बाद में बदलकर कृष्णा देवी कर दिया गया। उनके पिता पंडित कृष्ण बिहारी वाजपेयी ग्वालियर के ही विद्यालय में अध्यापक थे। जब उन्होंने हाई स्कूल की परीक्षा उत्तीर्ण की थी, तो उसके बाद से ही अध्यापन कार्य आरंभ कर दिया था। अपने अध्यापन काल के दौरान ही उन्होंने बी. ए. और एम. ए. की परीक्षाएं उत्तीर्ण कीं और फिर अध्यापक से प्राध्यापक पद को सुशोभित किया।

पंडित कृष्ण बिहारी वाजपेयी का काफी बड़ा परिवार था, जिसमें अटल जी के अलावा उनके बड़े भाई अवध बिहारी वाजपेयी, सदा बिहारी वाजपेयी और प्रेम बिहारी वाजपेयी तथा बहनें विमला, कमला एवं उर्मिला थीं। सभी से अटल जी को अपार स्नेह मिलता था।

अटल जी की माता बड़े ही धार्मिक स्वभाव वाली महिला थीं। वे पारिवारिक परंपरा के अनुसार व्रतों और त्यौहारों पर घर में विशेष पूजा-अर्चना किया करती थीं। वे क्रोध से कोसों दूर नरम स्वभाव की महिला थीं। हालांकि जब भी वे नाराज हो जाती थीं, तो बस मौन धारण कर लेती थीं लेकिन किसी से कुछ नहीं कहती थीं। बाद में, जिससे वह नाराज होती थीं, वही उनसे क्षमा-याचना करके उन्हें मनाता था। माता-पिता के संस्कारों का अटल जी के जीवन पर गहरा प्रभाव पड़ा था।

अटल जी परिवार में सबके प्यारे थे। उन्हें खिलाने के लिए घर के सदस्यों में होड़ लगी रहती थी इसलिए सबके लिए समय निश्चित कर दिया गया था कि इस समय अवध खिलाएँगे, उस समय प्रेम और उस समय विमला...। दादा श्यामलाल जी भी अपने इस सबसे छोटे पौत्र से बहुत स्नेह करते थे और उसे प्राय: अपने साथ बटेश्वर ले जाते थे। दादी सुखदेवी भी उन्हें बहुत प्रेम करती थीं और प्यार से उन्हें 'अटल्ला' कहती थीं। ग्वालियर से बटेश्वर रवाना होते समय पं. श्यामलाल जी बड़ों को एक-एक रुपया और छोटों को अठन्नी देते थे। अटल जी को जब अठन्नी मिलती थी, तब वे प्रेमपूर्वक बाबा से भिड़ जाते थे कि उन्हें अठन्नी क्यों दी जाती है? बाबा उन्हें समझाते थे कि वे छोटे हैं इसीलिए उन्हें रुपये से छोटी अठन्नी दी जाती है। बाबा से अटल जी ने रामायण, गीता, रामचरितमानस आदि ग्रंथों को खूब सुना और उनकी शिक्षाओं पर ही चलने का संकल्प किया। वह संकल्प आज भी उनके व्यवहार में रचा-बसा है।

शिक्षा-दीक्षा

जब वे 5 वर्ष के हुए तो उन्हें पढ़ने के लिए पाठशाला भेज दिया गया। बालक अटल ने गोरखी विद्यालय से मिडिल कक्षा की परीक्षा पास की। उसके बाद उन्हें विक्टोरिया कॉलेज में प्रवेश दिलाया गया, जहां वह हाई स्कूल तथा इंटर की परीक्षा उत्तीर्ण करने के पश्चात् विक्टोरिया कॉलेज (अब शासकीय महारानी लक्ष्मीबाई विद्यालय) से उच्च श्रेणी में हिन्दी साहित्य, संस्कृत साहित्य ,अंग्रेजी साहित्य और सामान्य अंग्रेजी विषय लेकर बी.ए. परीक्षा प्रथम श्रेणी में उत्तीर्ण की।

''सन 1993 विक्टोरिया कॉलेज के छात्र संघ के सेक्रेटरी तथा 1940 में उपाध्यक्ष चुने गए, 1944 उपाध्यक्ष चुने गए। उन दिनों छात्र संघ का अध्यक्ष कोई प्राध्यापक ही हुआ करता था। इसके अतिरिक्त 1942 में उन्हें डिबेट सेक्रेटरी भी चुना गया। वाजपेयी वाद विवाद प्रतियोगिता में सदैव भाग लेते हुए कविताओं को स्वयं लिखते तथा मधुर स्वर में गाते थे और सदैव पुरस्कार प्राप्त करते थे। अटल बिहारी वाजपेयी वाद-विवाद प्रतियोगिता के अलावा कवि सम्मेलनों में भी खूब जाते थे और कविता पाठ करते थे। अटल जी जब बी.ए. के विद्यार्थी थे, तो उस समय उनकी कई कविताएं प्रसिद्धि पा चुकी थी। अटल जी की इच्छा राजनीतिक विज्ञान में एम.ए. और कानून की शिक्षा प्राप्त करने की थी। उस समय विक्टोरिया कॉलेज में एम.ए. की पढ़ाई की व्यवस्था नहीं थी, इसलिए विद्यार्थी अटल ने कानपुर जाकर एम.ए. (राजनीति विज्ञान) और कानून दोनों की शिक्षा शुरू करने का निश्चय किया। उन दिनों आगरा विश्वविद्यालय से एम.ए. तथा कानून की पढ़ाई एक साथ पढ़ने की अनुमति थी।

जब अटल बिहारी वाजपेयी शिक्षा केंद्र डी.ए.वी. कॉलेज आए, तब उनके पिता कृष्ण बिहारी वाजपेयी अपनी राजकीय सेवा से सेवानिवृत्त हो चुके थे। उन्होंने भी अटल जी के साथ कानपुर जाकर एम.ए. में प्रवेश ले कर पढ़ाई करना शुरू कर दिया। अटल जी ने एम.ए. में प्रवेश ले लिया था। छात्रावास में भी पिता-पुत्र एक साथ ही रहते थे। एम.ए. में पूरे विश्वविद्यालय के 4 उच्च स्थान डी.ए.वी. कॉलेज के हिस्से में आए, उन चारों में अटल जी का द्वितीय स्थान आया। प्रथम स्थान त्रिलोकीनाथ श्रीवास्तव का रहा, जो अटल जी से केवल दो नंबर आगे थे।

कानपुर में अटल बिहारी वाजपेयी पढ़ाई के अतिरिक्त अपना सर्वाधिक समय संघ के कार्य में देते थे। खेलकूद तथा अन्य क्रियाकलापों में हिस्सा लेने के लिए उनके पास समय ही नहीं रहता था, पर साहित्यिक कार्यो में बढ़ चढ़कर हिस्सा लेते थे। सन् 1942 में जब महात्मा गांधी ने 'अंग्रेजों भारत छोड़ो' का नारा दिया तो ग्वालियर में छात्र वर्ग की अगुवाई किशोर अटल कर रहे थे। आंदोलन के उग्र रूप धारण करने पर धरपकड़ चालू हो गई, तो अटल जी को घरवालों ने बटेश्वर भेज दिया, लेकिन वहां वे बंदी बना लिए गए। तब प्रथम जेल यात्रा उनको करनी पड़ी।

एम.ए. प्रथम श्रेणी में पास करने के बाद अटल जी ने कानून की पढ़ाई शुरू की किंतु अंतिम वर्ष पूरा नहीं किया और लखनऊ जाकर वहां के विश्वविद्यालय में पीएचडी करने का मन बनाया। उन दिनों प्रथम श्रेणी में उत्तीर्ण छात्र आई.ए.एस. की परीक्षा में बैठते थे या पीएचडी करते थे। अटल जी सरकारी नौकरी करने के बजाय अध्यापक बनना चाहते थे।

राजनैतिक यात्रा

राष्ट्रीय राजनीति में वाजपेयी जी की शुरुआत उनकी जन्मजात रचनात्मकता के साथ हुई, जब 1951 में उन्होंने जनसंघ नामक राष्ट्रीय दल के निर्माण में प्रमुख भूमिका निभाई। अपनी कुशल वक्तव्य शैली से राजनीति के शुरुआती दिनों में ही उन्होंने रंग जमा दिया। उनकी भाषण-शैली के प्रशंसक स्वयं प्रधानमन्त्री नेहरू जी भी थे। सन् 1957 में वे बलरामपुर (जिला गोण्डा, उत्तर प्रदेश) से जनसंघ के प्रत्याशी के रूप में विजयी होकर लोकसभा में पहुँचे। 1968 से 1973 तक वे भारतीय जनसंघ के अध्यक्ष रहे। सन् 1957 से 1977 तक जनता पार्टी की स्थापना तक वे 20 वर्ष तक लगातार जनसंघ के संसदीय दल के नेता रहे। मोरारजी देसाई की सरकार में सन् 1977 से 1979 तक विदेश मन्त्री रह कर उन्होंने विदेशों में भारत की छवि का निर्माण किया।

आपातकाल के कारण विपक्ष संगठित होने में सफल रहा। फिर लोकसभा चुनाव सम्पन्न हुए, लेकिन इंदिरा गांधी चुनाव नहीं जीत सकीं। संगठित विपक्ष द्वारा मोरारजी देसाई के प्रधानमंत्रित्व में जनता पार्टी की सरकार बनी और अटल जी विदेश मंत्री बनाए गए। उन्हें विदेशी मामलों का विशेषज्ञ भी माना जाता था। उन्होंने कई देशों की यात्राएँ कीं और भारत का पक्ष रखा।

अटल जी ने पाकिस्तान की भी यात्रा की। उन्होंने तत्कालीन फौजी शासक जिया-उल-हक से वार्तालाप के दौरान 'फरक्का-गंगाजल' बंटवारे का मसौदा तय किया। इसके अतिरिक्त भारत और पाकिस्तान के मध्य रेल सेवा की बहाली भी तय की गई। अटल जी बंगलादेश के साथ भी गंगाजल के वितरण पर समझौते की दिशा में बढ़े। उन्होंने विदेश मंत्री के तौर पर भारतीय अणु शक्ति के सम्बन्ध में नीति स्पष्ट की और अणु ऊर्जा को भारतीय आवश्यकताओं के लिए जरूरी बताया। अटल जी ने नेपाल के विदेश मंत्री के साथ व्यापार और पारगमन की नई नीति के सम्बन्ध में भी चर्चा की।

अटल जी ने अपनी योग्यता और सफलता के जो झंडे गाड़े, उसमें उनकी पाकिस्तान के राष्ट्रपति जियाउल हक से भेंट एक प्रमुख स्थान रखती है। अटल जी ने यूएनओ में हिन्दी में भाषण देकर एक नई परंपरा डाली तथा हिन्दी का गौरव बढ़ाया।

सन 1979 में कतिपय मतभेदों के कारण जनता पार्टी की सरकार के साथ-साथ जनता पार्टी भी टूट गई और जनसंघ घटक ने भी अलग होकर 6 अप्रैल, 1980 को मुंबई में अपने एक विशाल अधिवेशन में एक नए दल 'भारतीय जनता पार्टी' का गठन किया। वाजपेयी इस दल के राष्ट्रीय अध्यक्ष बनाए गए।

इस अधिवेशन में अटल जी का ऐतिहासिक स्वागत हुआ। 1980 में अटल जी 7वीं लोकसभा के लिए नई दिल्ली से निर्वाचित हुए और भारतीय जनता पार्टी संसदीय दल के नेता चुने गए। सन 1984 की लोकसभा में अटल जी ग्वालियर संसदीय क्षेत्र से चुनाव लड़े, किंतु ग्वालियर के महाराजा माधवराव सिंधिया से चुनाव हार गए और 1986 में उन्हें पुनः राज्य सभा के लिए निर्वाचित किया गया था।

1991 में उन्हें उत्तर प्रदेश के लखनऊ और मध्य प्रदेश में विदिशा संसदीय क्षेत्रों से विजय प्राप्त हुई। उन्होंने विदिशा से त्याग पत्र दे दिया तथा लखनऊ का प्रतिनिधित्व करना स्वीकार किया। 1996 के लोकसभा चुनाव में अटल जी पुनः लखनऊ से चुने गए। इस निर्वाचन में भारतीय जनता पार्टी सबसे बड़े दल के रूप में उभरकर आई और वाजपेयी को 16 मई, 1996 को दोपहर 12:00 बजे भाजपा के प्रथम प्रधानमंत्री के नाते शपथ दिलाई गई। भाजपा की सरकार केवल 13 दिन चली, क्योंकि समता पार्टी, हरियाणा विकास पार्टी, अकाली दल और शिवसेना को छोड़कर शेष सभी 13 छोटे बड़े दलों ने इकट्ठा होकर भाजपा के विरुद्ध मतदान देने के कारण अटल जी की सरकार 28 मई, 1996 को संसद में विश्वास मत के समय बहुमत प्राप्त न कर सकी और उसी समय प्रधानमंत्री वाजपेयी ने तत्काल राष्ट्रपति को त्याग पत्र दे दिया। सन 1998 के चुनाव में पुनः अटल बिहारी वाजपेयी लखनऊ से जीते तथा दोबारा प्रधानमंत्री बने।

19 मार्च, 1998 को वाजपेयी के नेतृत्व में राष्ट्रीय जनतांत्रिक गठबंधन सरकार बनी तथा 28 मार्च, 1998 को इसने लोकसभा में अपना बहुमत सिद्ध किया। यह सरकार 13 महीने चली। 13वीं लोकसभा के लिए चुनाव हुए जिसमें वाजपेयी पुनः लखनऊ से निर्वाचित हुए तथा एनडीए पुनः वाजपेयी के नेतृत्व में सत्ता में आई। 13 अक्टूबर, 1999 को पुनः वाजपेयी को तीसरी बार प्रधानमंत्री की शपथ दिलाई गई तथा 06 फरवरी, 2004 तक राष्ट्रीय गठबंधन सरकार अस्तित्व में बनी। 14वीं लोकसभा के चुनाव में अटल बिहारी वाजपेयी लखनऊ संसदीय क्षेत्र से चुनाव जीते तथा आगे के चुनाव में खड़े न होने की बात की।

कांग्रेस अध्यक्ष सोनिया गांधी के साथ अटल जी

पूर्व प्रधानमंत्री पी.वी. नरसिम्हा राव के साथ अटल जी

एक कार्यक्रम में वर्तमान खेल एवं युवा मामलों के केन्द्रीय मंत्री विजय गोयल, जार्ज फर्नांडीस के साथ अटल जी

स्वर्णिम संसदीय जीवन

अपने संसदीय जीवन में वाजपेयी विभिन्न समितियों के सदस्य तथा अध्यक्ष रहे। 25 जनवरी, 1992 को वाजपेयी को पद्म विभूषण से अलंकृत किया गया। 20 जनवरी, 1993 को उन्हें कानपुर विश्वविद्यालय से मानद डी. लिट की उपाधि प्रदान की। 28 सितंबर, 1992 को उन्हें उत्तर प्रदेश हिन्दी संस्थान ने 'हिन्दी गौरव' के सम्मान से सम्मानित किया। अगस्त 1994 को 'लोकमान्य तिलक सम्मान' दिया गया। 17 अगस्त, 1994 को संसद में उन्हें सर्वसम्मति से सर्वश्रेष्ठ सांसद के सम्मान से सम्मानित किया, उस अवसर पर उन्होंने कहा था, "मैं अपनी सीमाओं से परिचित हूं, मुझे अपनी कमियों का अहसास है। निर्णायकों ने अवश्य ही मेरी न्यूनतम को नजरअंदाज कर के मुझे निर्वाचित किया है। सद्भाव में अभाव दिखाई नहीं देता। यह देश बहुत अद्भुत है, बड़ा अनूठा है, किसी भी पत्थर को सिंदूर लगाकर अभिवादन किया जा सकता है। संविधान और कानून सबका अपना महत्त्व है, लेकिन लोकतंत्र एक ढांचा मात्र बनकर रह जाए, एक कर्मकांड में बदल जाये, उसकी प्राण शक्ति घटती जाये तो वहाँ कठिनाई पैदा हो जाती है। उस प्राण शक्ति को घटने न देना, हम सबकी जिम्मेदारी है। मैं आप सबको हृदय से धन्यवाद देता हूँ। मैं प्रयत्न करूंगा कि इस सम्मान के लायक अपने आचरण को बनाये रख सकूं। जब कभी मेरे पैर डगमगायें, तब ये सम्मान मुझे चेतावनी देता रहे कि इस रास्ते पर डांवाडोल होने की गलती नहीं कर सकते। बहुत-बहुत धन्यवाद।"

सादा जीवन व्यतीत करने वाले अटल बिहारी वाजपेयी उच्च विचारों की प्रतिमूर्ति हैं, बोलने से अधिक वह पढ़ते हैं, पढ़ने से अधिक वह मनन करते हैं। एक महापुरुष के यही लक्षण हैं, जो उनमें स्पष्ट नजर आते हैं। वर्तमान में अटल बिहारी वाजपेयी देश के महान तथा राष्ट्रीय क्षितिज पर एक स्वच्छ छवि वाले राजनेता माने जाते हैं, किंतु साहित्य प्रेमी व उनका कवि रूप भी बहुत प्रिय है। राजनीति में रहते हुए भी अजातशत्रु हैं, उनमें राष्ट्रभक्ति कूट-कूट कर भरी है। स्वयं वाजपेयी जी के शब्दों में ''हम जिएंगे तो देश के लिए, मरेंगे तो देश के लिए। इस पावन धरती का कंकर-कंकर शंकर है, बिंदु-बिंदु गंगाजल है। भारत के लिए मैं हंसते-हंसते प्राण न्यौछावर करने में गौरव और गर्व का अनुभव करूंगा।''

तत्कालीन लोकसभा अध्यक्ष अनन्त शयनम आयंगर ने कहा था कि, "अटल जी हिन्दी के सर्वश्रेष्ठ वक्ता हैं। वे बहुत कम बोलते हैं, परन्तु जो बोलते हैं, वह हृदयस्पर्शी होता है। अन्तर्मन को छूने वाला होता है।"

उनके समकालीन बताते हैं कि जब वे संसद में आँखें बंद करके बोलना प्रारम्भ करते थे तो लगता था अटल जी जागते हुए नहीं बल्कि सोते हुए बोल रहे हैं, किन्तु जो शब्द वे बोलते थे, वे शब्द संवेदना, व्यथा, पीड़ा और अनुभव की शाब्दिक पराकाष्ठा को पार कर महसूस करने के धरातल पर उतर आते थे। सच तो यही है कि वह अपने शब्दों से खेल सकते थे, लेकिन वह हमेशा संतुलित रहे। वह शब्दों के जादूगर रहे हैं। वह कभी भी अनुचित कार्य करने के लालच की ओर नहीं गये। उन्होंने सामाजिक सौहार्द के गुण को पहचाना। वृहद राष्ट्रहित के लिए पार्टी से ऊपर उठने की उनकी क्षमता महत्त्वपूर्ण थी।

उन्होंने करोड़ों भारतीयों को अपने रसीले भाषणों से जिस तरह से मंत्र-मुग्ध किया है, क्या देश के किसी नेता ने किया है? भारत रत्न तो उनकी वाग्मिता के लिए ही उन्हें प्रदान किया जा सकता है। बहुत कम लोग हुए हैं भारतीय राजनीति में, जिन्हें जनसभा हो या लोकसभा, हर कहीं पिनड्रॉप साइलेंस यानी निःशब्द हो कर सुना जाए, अटल बिहारी वाजपेयी उन गिनती के लोगों में शुमार होते हैं।

प्रधानमन्त्री के पद पर रहे हों या नेता प्रतिपक्ष, बेशक देश की बात हो या क्रान्तिकारियों की, या फिर उनकी अपनी ही कविताओं की, नपी-तुली और बेबाक टिप्पणी करने में अटल जी कभी नहीं चूके।

अटल जी स्वभाव से ही लोकतांत्रिक हैं। राष्ट्रीय स्वंयसेवक संघ की छाया में काम करते हुए भी उन्होंने अपना स्वतंत्र अस्तित्व बनाए रखा और उसे ऊंचाई तक पहुंचा दिया, यह अपने आप में चमत्कार है। अपने लेखों में सरकारी नीतियों की आलोचना करने या मजाक उड़ाने में अटल जी ने कभी कोताही नहीं की। किसी भी लोकतंत्र के लिए यह गर्व की बात हो सकती है कि कोई नेता 60-70 साल राजनीति करे और उसके पूरे राजनीतिक जीवन में से ऐसा एक भी उदाहरण आप न बता सके, जो कटुता या मर्यादाहीनता का पर्याय माना जा सके।

प्रधानमंत्रित्व काल में अटल जी ने विरोधी दलों या नेताओं के प्रति कभी किसी प्रकार का प्रतिशोधात्मक कदम नहीं उठाया। सत्ता ने उन्हें कभी मतांध नहीं किया। लगभग 50 साल प्रतिपक्ष में रहने के बावजूद उनके भाषणों या देशहित में किये गये कार्यों की विपक्षी भी निश्छल भाव से तारीफ करते हैं। प्रतिपक्ष में रहते हुए सत्तापक्ष के उजले को उजला कहने की उदारता कितने नेताओं में होती है? यदि भारतीय संसद ने उन्हें सर्वश्रेष्ठ सांसद की उपाधि दी है, तो उस उपाधि का ही सम्मान बढ़ा है।

सहमति और सौहार्द के प्रतीक

कीचड़ में कमल की तरह रहना कोई अटल जी से सीखे। सबसे बड़ी बात तो यह है कि वे पहले ऐसे प्रधानमंत्री हैं, जिन्होंने भारतीय लोकतंत्र को गठबंधन धर्म सिखाया और 'आम सहमति तथा सौहार्दता दोनों गुणों को' पहचाना। पूरी अवधि से अधिक तक सरकार चलाना और दो दर्जन दलों को जोड़कर चलाना किसी जादूगरी से कम नहीं है। जिन खास मुद्दों पर जनसंघ और भाजपा लड़ती रहीं, उन्हें दरकिनार करने के लिए अपनी पार्टी को पटा लेना किसी मायावी नेता के ही बस की बात है। यदि उनके स्वभाव में लोकतांत्रिकता नहीं होती तो क्या फारूक अब्दुल्ला, चंद्रबाबू नायडू, ममता बनर्जी और चौटाला जैसे नेताओं को एक ही साथ बिठाए रखा जा सकता था? यदि उनके जैसा व्यक्ति देश को उस समय उपलब्ध नहीं होता तो क्या संघ के स्वंयसेवकों के साथ जॉर्ज फर्नाडीस और शरद यादव जैसे कदमताल कर पाते?

तरह-तरह के व्यक्तियों और विचारों के बीच जुगलबंदी चलाए रखने का ही दूसरा नाम लोकतंत्र है। कैबिनेट बैठकों में उनका आचरण कभी तनावपूर्ण नहीं होता था और अगर कोई व्यक्ति कोई बिन्दु उठाता था या विरोधी बात करता था तो वह चर्चा को बढ़ावा देते थे और अंतिम शब्द उन्हीं का होता था। इसलिए उन्हें भारत-रत्न से सम्मानित करके भारत सरकार ने लोकतंत्र के मूल सिद्धांतों को मजबूत किया है। भारतीयों के मानस में गहरे बैठे अटल जी को भारत रत्न सम्मान, उनके प्रति करोड़ों भारतीयों की भावनाओं को शब्द देने जैसा ही है।

अपने प्रधानमंत्री काल में वाजपेयी जी ने जो उपलब्धियां हासिल की हैं, उन्हें सहज शब्दों में कहा जा सकता है कि उन्होंने जो कहा वह कर दिखाया। प्रधानमंत्री पद पर आसीन होने के बाद भी उनकी कथनी और करनी एक ही बनी रही है। अपनी बात को स्पष्ट और दृढ़ शब्दों में कहना अटल जी जैसे निर्भय और सर्वमान्य व्यक्ति के लिए सहज और संभव रहा है। मुद्दा चाहे पड़ोसियों से संबंध सुधारने की दिशा में हो ,चीन यात्रा का हो लाहौर बस यात्रा का हो या कारगिल से दुश्मन खदेड़ने का ,आगरा वार्ता हो या फिर से खेल संबंधों की बहाली का परमाणु परीक्षण हो, डब्ल्यूटीओ पर दो टूक राय हो या अमेरिका की मध्यस्थता को ठुकराने का फैसला।

अटल जी के शासनकाल में देश की अर्थव्यवस्था ने कई ऊंचाइयों को छुआ है–विदेशी मुद्रा भंडार ,सूचना प्रौद्योगिकी, आउटसोर्सिंग, किसान बीमा योजना, किसान क्रेडिट कार्ड, प्रधानमंत्री ग्रामीण सड़क परियोजना, स्वर्ण चतुर्भुज राजमार्ग, नदियों का एकीकरण ,सागरमाला , दूरसंचार सुविधाओं का विकास, ऊर्जा क्षेत्र का विस्तार जैसी दर्जनों योजनाएं हैं, जो अटल जी के कार्यकाल में शुरू हुई और जो भविष्य में भारत को विकसित देशों की पंक्ति में स्थान दिलाने में सफल हो रही है। प्रधानमंत्री के रूप में उन्होंने जहां पोखरण में परीक्षण कर देश को जहां शक्तिशाली होने का गर्व कराया, तो वहीं स्वर्णिम चतुर्भुज सड़क योजना को लागू कर पीढ़ियों के लिए ढांचागत विकास की मजबूत नींव रखी। वह अपनी अर्थव्यवस्था संबंधी सोच में उदारवादी थे। उन्होंने आधारभूत ढांचों के महत्त्व को महसूस किया। राष्ट्रीय राजमार्ग योजना और बिजली क्षेत्र से जुड़े सुधार उनकी विरासत का हिस्सा हैं।

भारत भर के चारों कोनों को सड़क मार्ग से जोड़ने के लिए स्वर्णिम चतुर्भुज परियोजना (गोल्डन क्वाड्रिलेट्रल प्रोजेक्ट (जी क्यू प्रोजेक्ट) श्री वाजपेयी जी का स्वप्न था। उनके शासन में ही इसकी शुरुआत की गई। इसके अंतर्गत दिल्ली, कलकत्ता, चेन्नई व मुम्बई को राजमार्ग से जोड़ा गया। शेरशाह सूरी के बाद अटल जी ही ऐसे व्यक्ति हुए, जिन्होंने सड़क संपर्क को इतना व्यापक बनाया। जब भारत को अमेरिका से सुपर कंप्यूटर नहीं मिला तो महान वैज्ञानिक विजय भाटकर को प्रोत्साहित कर भारत में ही सुपर कंप्यूटर बनवाया। क्रायोजेनिक इंजन नहीं मिला तो भारत में ही उसका विकास किया।

उन्होंने करीब सौ साल से भी ज्यादा पुराने कावेरी जल विवाद को सुलझाया। संरचनात्मक ढाँचे के लिये कार्यदल, सॉफ्टवेयर विकास के लिये सूचना एवं प्रौद्योगिकी कार्यदल, विद्युतीकरण में गति लाने के लिये केन्द्रीय विद्युत नियामक आयोग आदि का गठन किया। राष्ट्रीय राजमार्गों एवं हवाई अड्डों का विकास नई टेलीकॉम नीति तथा कोंकण रेलवे की शुरुआत करके बुनियादी संरचनात्मक ढाँचे को मजबूत करने वाले कदम उठाये। राष्ट्रीय सुरक्षा समिति, आर्थिक सलाह समिति, व्यापार एवं उद्योग समिति भी गठित कीं। आवश्यक उपभोक्ता सामग्रियों की कीमतें नियन्त्रित करने के लिये मुख्यमन्त्रियों का सम्मेलन बुलाया। उड़ीसा के सर्वाधिक गरीब क्षेत्र के लिये सात सूत्रीय गरीबी उन्मूलन कार्यक्रम शुरू किया। आवास निर्माण को प्रोत्साहन देने के लिए अर्बन सीलिंग एक्ट समाप्त किया। ग्रामीण रोजगार सृजन एवं विदेशों में बसे भारतीय मूल के लोगों के लिये बीमा योजना शुरू की। और तो और उस भारतीय जनता पार्टी, जिस पर हिंदूवादी पार्टी होने का आरोप लगता रहा है, के नेता के तौर पर प्रधानमन्त्री वाजपेयी ने ही सरकारी खर्चे पर रोजा इफ्तार का कार्यक्रम भी शुरू किया।

अटल जी ने सेनाओं का मनोबल ऊँचा उठाने का कार्य किया। साथ ही परमाणु कार्यक्रम की आधारशिला रखने वाली भूतपूर्व प्रधानमंत्री श्रीमती इंदिरा गांधी को भी उन्होंने धन्यवाद दिया। अटल जी के लिए राष्ट्रहित दलगत राजनीति से सदैव ऊपर रहा। उन्हें उदारमना ही कहना चाहिए कि उन्होंने विपक्ष की उपलब्धियों को भी सराहा। युवाओं को देश का भविष्य घोषित करके वाजपेयी जी ने प्रधानमंत्री के रूप में 'ब्रेन ड्रेन' (युवा प्रतिभाओं का विदेश गमन) को रोकने की जरूरत बताई। उन्होंने युवाओं का आह्वान किया कि वे मातृभूमि की सेवा पर ध्यान दें।

अटल बिहारी वाजपेयी जी ने मात्र एक राजनीतिज्ञ और सत्ता पुरुष का जीवन नहीं जिया, अपितु सत्ता में तो वे अल्पकाल को ही रहे। सम्पूर्ण जीवन उनका संघर्ष और श्रम की भेंट चढ़ गया, तब जाकर कहीं वे अपनें विचारों को सत्ता सदन में स्थापित करा पाए थे। अटल जी ने अपने जीवन काल में हजारों राजनीतिज्ञों को गढ़ा और फिर उन्हें राष्ट्रवाद के यज्ञ में समिधा डालने योग्य बनाकर यज्ञ पीठ पर बैठाया, किन्तु कभी श्रेय लेने और नियामक होने की राजनीति नहीं की।

वे सदैव नेतृत्व करते रहे किन्तु साथियों को स्वयं के अनुगामी रहने का विनम्र आभास कराते नजर आते रहे हैं। वस्तुतः वे दार्शनिक राजनीतिज्ञ थे, जिस कारण वे कई बार व्यावहारिक राजनीति में अनफिट होने का आभास देते थे, किन्तु आनंद तब आता था, वे जिस क्षण अनफिट होने का आभास देते और उसके दूसरे ही क्षण वे अपने कृतित्व और वाक्‌चातुर्य से विरोधियों को पटखनी देकर उन्हें चारों खाने चित कर वापिस अपनी बाहों में लेकर अपने विचारों से साम्य बैठा लेने का दुलारपूर्ण अवसर भी देते दिखते। यही वह कला या विधा थी, जो उन्हें अटल जी बना गई।

शालीनता के प्रतिमूर्ति

अटल बिहारी वाजपेयी जी एक सादगी भरे सच्चे इंसान के साथ ही लोकप्रिय जननायक हैं। यह भी एक वजह है कि उन्हें भारतीय राजनीति का 'भीष्म पितामह' माना जाता है। पूर्व प्रधानमंत्री मनमोहन सिंह जी ने भी राज्यसभा में अपने एक भाषण के दौरान अटल जी को भारतीय राजनीति का 'भीष्म पितामह' कहा था। लेकिन उन्होंने सारे देश के सामने एक बार कहा था- "मैं अटल तो हूं, पर 'बिहारी' नहीं हूं।" तब लोगों ने इसे अजीब ढंग से लिया था। लोगों को लगा कि वे 'बिहार' का अपमान कर रहे हैं। वस्तुतः उन्होंने कहा था कि असल में उनके पिता ने उनका नाम 'वसंत-विहार', 'श्याम-विहार', 'यमुना-विहार' की तरह ही 'अटल बिहारी ' रखा है, तो उनका मूल नाम है- अटल बिहारी। लेकिन सब जानते हैं कि 'अटल' केवल शब्द नहीं और केवल नाम नहीं है। बहुत विषयों के शोधित ग्रंथ हैं, वे दर्शन हैं। वे भारत को जानते थे और भारत के साथ-साथ भारत की चित्ति को भी जानते थे।

अटल जी शरीर से एक हैं, पर उनके शरीर में गुणों का अम्बार है। वे अध्ययन के एवरेस्ट की चोटी पर हैं। मानवता के पुजारी हैं। सरस्वती उनकी जिह्वा पर है। आज भी सारा देश अटल जी के बारे में सोचता है, तो उनके भाषण की गर्जना कानों में गूंजने लगती है। उनके भाषण के लय, छंद, अलंकार, उतार-चढ़ाव, भावभंगिमा, स्वर का ऊपर-नीचे होना, सब आंखों के सामने चलते-फिरते चलचित्र की तरह सहज आने लगता है।

अटल जी जनसंघ से लेकर भाजपा तक के ऐसे अनथक यात्री रहे, जिन्हें देखकर कार्यकर्ताओं की बांछे खिल जाती थी, वह स्वयं गौरवान्वित होने लगता था। शरीर में साहस का संचार होने लगता था। जिस व्यक्तित्व से सामने वाले व्यक्ति के शरीर में रक्त संचारित होने लगे और रक्त पर प्रभाव पड़ने लगे, सच में वह व्यक्तित्व तो पूजनीय ही होगा।

जन-जन के नेता

'वसुधैवः कुटुम्बकम' की भावना से परिपूर्ण, सत्यम-शिवम्-सुन्दरम् के पक्षधर अटल जी का सक्रिय राजनीति में पदार्पण 1955 में हुआ था। इससे पहले देशप्रेम की अलख को जागृत करते हुए अटल जी 1942 में जेल गए थे। अटल जी अपने सादा जीवन उच्च विचार और सत्यनिष्ठा एवं नैतिकता के कारण ही अपने विरोधियों में भी अत्यन्त लोकप्रिय रहे हैं। 1994 में अटल जी को 'सर्वश्रेष्ठ सांसद' एवं 1998 में 'सबसे ईमानदार व्यक्ति' के रूप में सम्मानित किया गया।

अटल जी एक मात्र ऐसे संसद सदस्य हैं, जो चार विभिन्न प्रदेशों उत्तर प्रदेश, गुजरात, मध्यप्रदेश और दिल्ली के 6 अलग-अलग संसदीय क्षेत्रों से संसद में पहुंचे। 1957 में पहली बार बलरामपुर संसदीय क्षेत्र से संसद पहुँचने वाले अटल जी 2009 तक 10 बार लोकसभा और 2 बार राज्यसभा सांसद रह चुके हैं। अपनी नेतृत्व क्षमता और दूरदर्शिता की बदौलत ही 1951 में उन्होंने भारतीय जनसंघ के संस्थापक सदस्य होने के साथ ही श्यामा प्रसाद मुखर्जी और फिर दीनदयाल उपाध्याय के बाद जनसंघ के नेतृत्व की सारी जिम्मेदारी अपने युवा कंधों पर ले ली।

राजनीति के शुरुआती दिनों में वह लखनऊ से लोकसभा का चुनाव हार गए, लेकिन 1957 में फिर से जनसंघ ने उन्हें तीन लोकसभा सीटों लखनऊ, बलरामपुर और मथुरा से चुनाव लड़ाया गया। जिनमें से दो सीटें तो वे हार गए, लेकिन बलरामपुर की जनता ने उन्हें चुन लिया और वे दूसरी लोकसभा में पहुँच गए। यह जीत आने वाले पाँच दशकों तक उनके शानदार संसदीय कॅरियर की शुरुआत थी। उन्होंने करीब 50 वर्षों तक भारतीय संसद के सदस्य के तौर पर अपनी सेवाएं दीं।

पक्ष-विपक्ष दोनों में लोकप्रिय

अटल जी भारतीय राजनीतिक इतिहास के एक मात्र ऐसे राजनेता हैं, जो अपनी पार्टी और विपक्षी दलों में समान रूप से लोकप्रिय हैं। तीन बार देश के प्रधानमंत्री रहे अटल बिहारी का संसदीय सफर बलरामपुर से शुरू हुआ था। दरअसल 1957 में जनसंघ के टिकट पर अटल ने मथुरा, लखनऊ और बलरामपुर से चुनाव लड़ा था। मथुरा, लखनऊ से तो हार गए, लेकिन बलरामपुर की जनता ने उन्हें संसद पहुंचा दिया। 1957, 1962, 1967 में चुनाव लड़ने के दौरान वे अकसर बलरामपुर आते रहे।

अल्प समय में ही अटल जी संसद में इतने जनप्रिय और प्रभावी हो गये कि जब वे सदन में बोलते तो नेहरू जी भी उन्हें सुनने के लिये सदन में लौट आते।

जब वे श्री मोरार जी देसाई की सरकार में विदेश मंत्री थे तो भारत के बाहर प्रवासियों से कहते "तुम्हारा पासपोर्ट भले ही काला, लाल, नीला,पीला हो किन्तु तुम हमेशा हमारे हो और हम तुम्हारे।"

यह अटल की विशेषता है कि वे अपने विपक्षियों को भी अपना बना लेते हैं। भाजपा किसी समय सबसे अछूत और अकेली पार्टी मानी जाती थी। यह अटलजी की ही विशेषता है कि उन्होंने विभिन्न दलों को एकसाथ लाकर मिली-जुली सरकार पूरी सफलता के साथ पांच वर्ष तक चलाई।

उनका व्यक्तित्व और ओजस्वी भाषण लोगों को बरबस ही खींच लाता था। भाजपा के पूर्व जिलाधयक्ष लाटबक्श सिंह बताते हैं कि प्रचार के दौरान अटल अपने सहयोगियों के साथ जमीन पर पंगत में बैठकर खाना खाते थे। मुसलमानों के घर भी जलपान व भोजन करने से उन्हें कोई गुरेज नहीं था। वे ज्यादातर खिचड़ी ही खाते थे।

बलरामपुर से पहली बार सांसद बने अटल साइकिलों के जत्थे के साथ गांव-गांव व घर-घर जाकर लोगों से वोट मांगते थे। जिस गांव में रात हो जाती, वहीं डेरा जमा लेते। अटल ने कई बार पैदल और बैलगाड़ी से भी प्रचार किया। अटल जी का बलरामपुर में राजनीतिक सफर 1957 से 1971 तक रहा। हालांकि 1962 में उन्हें कांग्रेसी सुभद्रा जोशी से हारना पड़ा था।

अटल के सहयोगी और तुलसीपुर विधान सभा से जनसंघ के विधायक रहे सुखदेव प्रसाद किस्सा बताते हैं। 1957 में चुनाव प्रचार के लिए स्थानीय कार्यकर्ताओं ने अटल को एक जीप मुहैया कराई थी। जीप की हालत जर्जर थी। कुछ देर चलने के बाद ही रुक जाती थी। तब अटल जी खुद जीप में धक्का लगाते थे। वहीं 1957 के चुनाव के दौरान अटल चौखड़ा गांव में रात्रि विश्राम कर रहे थे। रातभर मूसलाधार बारिश हुई तो रास्तों में पानी भर गया।

सुबह उन्हें उतरौला और रेहरा बाजार में चुनावी सभा को संबोधित करना था। ड्राइवर ने कहा, 'कीचड़ में गाड़ी नहीं चल सकेगी।' तब पालकी का इंतजाम किया गया। अटल ने पालकी में बैठने से इनकार कर दिया और एक परिचित की घोड़ी पर चढ़कर वहां पहुंचे और जनसभा को संबोधित किया।

योजनाओं का अद्घाटन करते अटल जी जसवंत सिंह एवं राजमाता सिंधिया

पूर्व राष्ट्रपति आर. वेंकट रमन के साथ अटल जी

तमिलनाडु की पूर्व मुख्यमंत्री जयललिता के साथ अटल जी

कार्यकर्ताओं से सीधा संबंध

वरिष्ठ पत्रकार व 'सामना' के पूर्व दिल्ली ब्यूरो चीफ रमाकांत पाण्डेय, जिनको अटल जी नाम की जगह 'सामना महाराज' के संबोधन से बुलाते थे और उनको देखते ही कहते–'आइये-आइये सामना महाराज! मैं आपका आमना-सामना नहीं कर सकता।' लेकिन इस हंसी-मजाक के बाद वे खुल जाते और खुल कर बोलते। सामना का संवाददाता होने के कारण उनको शिवसेना प्रमुख स्वर्गीय श्री बाला साहेब ठाकरे व अटल जी के बीच कभी-कभी संवादों के आदान-प्रदान का माध्यम बनना पड़ता था। उनके पास अटल जी से जुड़े किस्सों के संस्मरण हैं। उन्हीं में से एक ऐसा संस्मरण है, जो बताता है कि अटल जी का देश के दूर-दराज में रहने वाले कार्यकर्ताओं से सीधा संबंध रहता था और उन्हें इस तरह से देश के दूर-दराज के इलाकों की सारी खबरें मिलती रहती थी।

यह घटना वर्ष 1996 के दिसंबर की है। उस वर्ष दिसंबर-जनवरी में लगभग एक महीने तक लगातार बरसात हुई थी। अटल जी उस समय पहली बार 13 दिन के प्रधानमंत्री बनने के बाद इस्तीफा दे चुके थे और अपने तीनमूर्ति लेन वाले आवास में रह रहे थे। रमाकांत जी को उनसे थोड़े-थोड़े दिनों में मिलने जाना पड़ता था। उस दिन वे उनके पास पहुंचे तो अटल जी अपने कमरे में चिठ्टियों का ढेर लगाये एक- एक करके पढ़ रहे थे। उनको देखते ही वे एक चिठ्टी को उनसे कुछ कहे बिना जोर-जोर से सुनाने लगे–'बहुत बरसात हुई है, पत्थर गिरे हैं, खपरैल टूट गयी हैं, खेतों में धान जम आया है, बड़ा नुकसान हुआ है।'

इतना पढ़ने के बाद अटल जी ने रमाकांत जी से पूछा 'कुछ समझ में आया?' उन्होंने कहा-'हां बहुत बरसात हुई है, नुकसान हुआ है।' अटल जी ने फिर प्रश्न किया, 'जानते हो बेमौसम बरसात क्यों हो रही है?' रमाकांत जी चुप रहे। अटल जी ने उत्तर दिया- 'यह ग्लोबल वार्मिंग है ग्लोबल वार्मिंग। प्रकृति के साथ जो छेड़छाड़ हो रही है, उसका परिणाम यही होगा कि सर्दी में बरसात, गर्मी में सर्दी और बरसात में गर्मी।'

वास्तव में अटल जी का अपने कार्यकर्ताओं से सीधा संबंध रहता था, इसी कारण वे देश के दूरस्थ इलाकों की छोटी-से-छोटी समस्याओं से परिचित थे।

सन् 1991 के लोकसभा चुनाव में अटल जी उदयपुर में आमसभा सम्बोधित करने आये। पार्टी ने जिन पदाधिकारियों को अटल जी को हवाई अड्डे से लाने की जिम्मेदारी दी, वो समय पर नहीं पहुंचे। वहां मौजूद डबोक के कार्यकर्ता शंकरलाल पालीवाल ने उनका स्वागत किया और उन्हें अपनी साधारण जीप से ही उदयपुर चलने का आग्रह किया।

अटल जी जीप में बैठे ही थे, तभी अन्य पदाधिकारी मंहगी कारें लेकर पहुंचे और कार में बैठने का आग्रह किया। अटल जी ने साफ मना कर दिया। उन्होंने कहा- 'सबसे पहले इसने मेरा स्वागत करके जीप में बिठाया, अब जीप से नहीं उतरूंगा।' ऐसे सर्वस्पर्शी जीवन के कारण अटल जी कार्यकर्ताओं के हृदय सम्राट बने।

पूर्व नगर विकास मंत्री लालजी टंडन हों या अटल जी के बचपन के साथी और उनके खिलाफ चुनाव लड़े डॉ. दाऊजी गुप्त अथवा पुराने कर्मचारी नेता चंद्रप्रकाश अग्निहोत्री या फिर 'राष्ट्रधर्म' के संपादक के रूप में अटल के सहयोगी रहे स्व. छोटेलाल जायसवाल के पुत्र रामचंद्र जायसवाल। वीरेंद्र कुमार, जिन्हें लोगबाग मथुरा में वीरेन जी के नाम से जानते हैं, संघर्ष के लंबे रास्ते से गुजरे हैं और अपनी उम्र के बाकी लोगों की तरह ही हाशिए पर हैं। 50 के दशक में जब आर्य समाज ने हिन्दी के लिए आंदोलन चलाया तो वीरेन की पहली जेलयात्रा हुई, जो इमरजेंसी तक अलग-अलग मौकों पर जारी रही।

वीरेन याद करते हैं कि पहले पार्टी नेताओं और कार्यकर्ताओं में कैसा नाता होता था! उनकी चार बेटियों में से एक के दाखिले के समय अटल बिहारी वाजपेयी स्वयं उसे स्कूल लेकर गए, बजाय कोई चिट्ठी थमाने के। "मैं भूल नहीं पाता हूं वह क्षण, जब अटल जी ने मेरी छोटी-सी बच्ची का हाथ थामा। लेकिन अब ऐसा कहां! अब तो पार्टी के सत्ता में आते ही नेता इतने दूर हो जाते हैं कि उन तक पहुंचने के लिए कई अवरोधक पार करने होते हैं।"

कार्यकर्ताओं से उनका लगाव सिर्फ इसी से जाना जा सकता है कि लखनऊ के एक विधायक सतीश भाटिया की मृत्यु पर आए अटल जी शवयात्रा के साथ पैदल ही आलमबाग श्मशान घाट तक गए।

अधिकारियों के लाख कहने पर भी उन्होंने सुरक्षा और गाड़ी लेने से इनकार कर दिया। बोले, 'शवयात्रा में कोई गाड़ी से नहीं चलता।' वे तब तक श्मशान घाट पर बैठे रहे, जब तक अंत्येष्टि पूरी नहीं हो गई।

संवेदनशीलता लाजवाब

अटल जी को लोहरदगा, गुमला, पालकोट, कोलेबिरा होते हुए ओड़िशा जाना था। अटल जी की यात्रा पिस्का मोड़ गुरुद्वारे में मत्था टेकने और सरोपा लेने के उपरांत शुरू हुई। लोहरदगा, गुमला होते हुए पालकोट से उनका काफिला गुजर रहा था, पीछे के वाहन में कार्यकर्त्ता बैठे थे। लगभग साढ़े सात बजे शाम को उनकी कार रुकी। कार्यकर्त्ता दौड़ते हुए अटल जी के पास पहुंचे। अटल जी ने कहा– 'सामने झोपड़ी में बत्ती जल रही है, कौन लोग हैं, उन्हें बुलाओ।' हम सब ने वहां जाकर गृह स्वामी को कहा कि सामने गाड़ी में अटल जी बुला रहे हैं।

लगभग दौड़ते हुए उत्साह से महिला-पुरुष अटल जी के पास पहुंचे और प्रणाम किया। अटल जी ने पूछा– 'क्या खाना बना है? हमको खिलाओगे।' कार्यकर्ताओं ने अटल जी को बताया कि डाक बंगले में भोजन की व्यवस्था है। जिसको अटल जी ने नकार दिया और कहा कि वह तो यहीं खायेंगे। तुम सब वहां भोजन करना। अटल जी कार से उतरकर वहां चटाई पर बैठकर रोटी और आलू की भुजिया, प्याज और हरी मिर्च के साथ भोजन करने लगे और चलते समय गृह स्वामी के पैर छुए, गृह स्वामी ने कहा कि सर ये आप क्या कर रहे हैं? अटल जी ने तपाक से कहा- 'अन्नदाता के पैर छू रहे हैं।' ऐसी थी अटल जी की सादगी।

भाजपा के वरिष्ठ नेता लालजी टंडन बताते हैं कि अटल जी की संवेदनशीलता का जवाब नहीं है। श्रीराम जन्मभूमि आंदोलन के दौरान की बात है। प्रदेश में राष्ट्रपति शासन लगा था। अटल जी मीराबाई मार्ग स्थित स्टेट गेस्ट हाउस में भोजन कर रहे थे। रात में उन्हें दिल्ली लौटना था। इतने में लखनऊ के जिलाधिकारी और तत्कालीन राज्यपाल के सलाहकार अचानक कमरे में आ गए। मैंने कहा कि अटल जी भोजन कर रहे हैं और आप लोग यहां तक पहुंच गए।

तत्कालीन जिलाधिकारी ने हाथ जोड़ते हुए कहा कि अमौसी हवाई अड्डे पर एक लड़का दिल्ली जाने वाले हवाई जहाज में चढ़ गया है। उसके हाथ में हथगोला जैसी कोई वस्तु है। कह रहा है कि अटल बिहारी वाजपेयी को बुलाओ

नहीं तो इस जहाज को उड़ा दूंगा। मैंने कहा, 'इस तरह अटल जी कैसे वहां जाएंगे। इन्हें भी तो खतरा हो सकता है।' पर, इसी बीच अटल जी खाना बीच में छोड़कर खड़े हो गए और बोले कि चलो चलते हैं। आखिर 200 लोगों के जीवन का सवाल है।

हम लोग थोड़ी देर में एयरपोर्ट पहुंचे। अटल जी ने टावर पर चढ़कर लड़के से बात की, पर वह लड़का मानने को नहीं तैयार कि अटल जी ही बोल रहे हैं। आखिरकार अटल जी ने हवाई जहाज के पास ले चलने को कहा तो सबकी हालत खराब। जैसे-तैसे डीएम के साथ हम लोग जहाज के पास पहुंचे। उसने हमें और अटल जी को अंदर बुलाया। वह अटल जी के पैर छूने झुका कि सुरक्षा बलों ने उसे दबोच लिया। लड़के ने हाथ में ली वस्तु को फेंकते हुए कहा कि यह कुछ नहीं, सिर्फ सुतली का गोला है। अटल जी ने भाजपा के लोगों से कहा, इसने नादानी में इस तरह की घटना को अंजाम दे दिया। इसकी जमानत जरूर करा देना, जिससे इसका भविष्य न खराब हो।

हवाई जहाज में अंदर कांग्रेस के बड़े नेता और लंबे समय तक कोषाध्यक्ष रहे सीताराम केसरी भी बैठे हुए थे। अटल जी को देखकर बोले, 'जब हमे मालूम हुआ कि आप लखनऊ में हैं, तो मेरी जान-में-जान आ गई थी कि आप जरूर आ जाएंगे। हम लोग बच जाएंगे।'

भोजन प्रेमी अटल जी

हास्यप्रेमी अटल जी स्वादिष्ट भोजन के प्रेमी हैं। मिठाई तो उनकी कमजोरी रही है। जब वह छोटे थे तो ग्वालियर के करहल गांव में बाबा जी ने यज्ञ किया। वाजपेयी जी भी पूरे परिवार के साथ वहां पहुंचे। लौटने में देर हो गई तो रात गांव में ही रुकना पड़ा। यज्ञ में जुटी भीड़ आसपास की दुकानों के खाने-पीने का सामान खत्म कर चुकी थी। भूख से व्याकुल वाजपेयी जी से एक दुकानदार ने कहा– 'रसगुल्ले तो खत्म हो गए, चाशनी बची है।' वाजपेयी जी ने कहा भाई चाशनी ही लाओ।' इसके बाद दोना भरकर वह चाशनी पी गए।

अपनी पढ़ाई के सिलसिले में कानपुर पहुंचे अटल जी कानपुर शहर की पुरानी गलियों से वाकिफ थे। उनके सहपाठी डॉ. राममोहन सिंह बताते हैं कि ग्वालियर से ट्रेन से सेंट्रल स्टेशन में उतरने के बाद अटल नयागंज की एक पूड़ी की दुकान में जाते थे। यहां सरसों के तेल में पकी बिढ़ई (दाल भरी कचौड़ी) मिलती थी। बिढ़ई खाने के बाद वह नयागंज, कमला टावर, शिवाला होते हुए पैदल हॉस्टल पहुंचते थे।

पढ़ाई खत्म होने के बाद काशी से जब 'चेतना दैनिक' का प्रकाशन हुआ तो अटल जी उसके संपादक नियुक्त किये गये। शाम को प्रेस से लौटते समय राम-भंडार नामक मिठाई की दुकान पड़ती थी। उस दुकान के मीठे परवल सभी को बहुत पसंद थे। अटल जी को तो बहुत पसंद थे, किन्तु उस समय इतने पैसे नहीं हुआ करते थे कि रोज खाया जाए, तो दुकान से कुछ पहले ही कहने लगते थे कि आँखे बन्द कर लो, वरना ये परवल सामने आकर बड़ी पीड़ा देंगे। उनकी इस विनोद भरी बातों से सभी हँसने लगते थे।

बाद में उनके इस मिठाई प्रेम को पार्टी के लोग भी भली-भांति जान गए थे, लेकिन अटल जी को इस अतिशय प्रेम का प्रतिसाद मिला महाराष्ट्र के दौरे पर।

उसके बारे में उन्होने एक बार जिक्र होने पर खुद ही बताया कि "यह उन दिनों की बात है, जब मैं भारतीय जनसंघ का अध्यक्ष था और महाराष्ट्र के दौरे पर गया था। अनेक स्थानों पर जाना था। भोजन के बाद मिष्टान्न

परोसना महाराष्ट्र की पद्धति है। 'मधुरेण समर्पयेत' भोजन परोसने की महाराष्ट्र की विधि भी बड़ी अच्छी है। पहले दिन मैंने जिस नगर में भोजन किया, वहां दोपहर और रात्रि, दोनों समय गुलाबजामुन दिए गए। दोपहर को गुलाबजामुन अच्छे लगे। रात को गुलाबजामुन के पुनः दर्शन करने पर माथा ठनका, किंतु मेहमान था, मुंह नहीं खोला। हां, मुंह खोलकर गुलाबजामुन जरूर निगल गया। दूसरे दिन दूसरे स्थान पर पहुंचा। वहां भी गुलाबजामुन सुबह-शाम दोनों समय परोसे गए। फिर भी मौन नहीं तोड़ा।

लेकिन तीसरे दिन में भी गुलाबजामुन से पाला पड़ा, तब मैं अपना धीरज खो बैठा। फिर भी भोला बनकर बोला, 'क्या महाराष्ट्र में गुलाबजामुन अत्यंत प्रिय मिष्ठान है?' इस प्रश्न का जो उत्तर मिला, उसे सुनकर मैं चौंक गया। जिसके यहां भोजन था, उस कार्यकर्त्ता ने बताया कि केंद्रीय कार्यालय की ओर से पत्रक आया है और उसमें साफ-साफ शब्दों में लिखा है कि 'वाजपेयी जी को गुलाबजामुन प्रिय हैं।' इसलिए हमने गुलाबजामुनों की व्यवस्था की।

अब हर जगह गुलाबजामुन मिलने की गुत्थी सुलझ गई। जब मैंने उन्हें बताया कि पहले जब मैं महाराष्ट्र आया था, तब मैंने गुलाबजामुन की शिष्टाचारवश तारीफ कर दी थी। वैसे अच्छी मिठाइयां और भी हैं। एक ही मिठाई बार-बार खाना अरुचिकर हो सकता है, यह बताने की आवश्यकता नहीं।" सभी लोग सुनकर हंसने लगे।

नेता न होते तो कवि होते

दोस्तों को अटल जी के अंदर बैठे महान कवि की झलक कॉलेज के दिनों में दिखने लगी थी। अगर अटल बिहारी वाजपेयी नेता नहीं होते तो बड़े कवि होते।

कॉलेज में नाटकों के मंचन में अटल बिहारी वाजपेयी मन लगाकर हिस्सा लेते थे। बात 1944 के आसपास की है। उस जमाने के लोग याद करते हैं 'ध्रुवस्वामिनी' नाटक का मंचन। जिसमें अटल ने पुरोहित जी का किरदार निभाया था। कवि तो जैसे बस मौके की तलाश में था। अटल बिहारी वाजपेयी को पहचान दिलाने के लिए सिर्फ उनकी चंद कवितायें भी काफी हैं।

उनकी कविता में नवजीवन मिलता है। अनूप मिश्रा के मुताबिक "गीत नहीं गाता हूं... अपनों के मेले में मीत नहीं पाता हूं... गीत नहीं गाता हूं।" उन्होंने इमरजेंसी के समय लिखी। फिर एक कविता, जो हमेशा ऊर्जा देती है कि 'हार नहीं मानूंगा रार नई ठानूंगा। काल के कपाल पर लिखता मिटाता हूं। गीत नया गाता हूं।'

उनके संघर्षमय जीवन, परिवर्तनशील परिस्थितियां, राष्ट्रव्यापी आन्दोलन, जेल-जीवन आदि अनेकों आयामों के प्रभाव एवं अनुभूति ने काव्य में सदैव ही अभिव्यक्ति पायी। अटल बिहारी वाजपेयी ने राजनीति में अपना महान करियर महात्मा रामचंद्र वीर की 'अमर कीर्ति विजय पताका' को समर्पित कर दिया।

उनके अनुसार इस कविता ने उनकी जिन्दगी बदल दी थी। कविता के साथ-साथ अटल जी को गद्य में भी विशेष रुचि रही है।प्रेमचंद, वृंदावन लाल वर्मा ,जयशंकर प्रसाद, रामकुमार वर्मा, जगन्नाथ मिलिंद ,जैनेंद्र, अज्ञेय, निराला आदि उनके पसंदीदा रचनाकार है। उपन्यास सम्राट वृंदावन लाल वर्मा के तो उन्होंने कई उपन्यासों को बड़े चाव से पढ़ा, उनमें मुख्य हैं- 'मृगनयनी, गढकुंडार, आंचल मेरा कोई।'

ये निर्विवाद सत्य है कि अटल जी नैतिकता का पर्याय हैं। पहले कवि और साहित्यकार, तद्पश्चात् राजनीतिज्ञ हैं। उनकी इंसानियत कवि मन की कायल है। नैतिकता को सर्वोपरि मानने वाले अटल जी कहते हैं कि-

छोटे मन से कोई बड़ा नहीं होता,

टूटे मन से कोई खड़ा नहीं होता।

मन हार कर मैदान नहीं जीते जाते,

न मैदान जीतने से मन ही जीता जाता है।

वाजपेयी एक जाने-माने कवि भी हैं और उनके पार्टी सहयोगी अकसर उनकी रचनाओं को उदद्धृत करते हैं। पचास के दशक के उस दौर से जब नेहरूवादी मानसिकता के कारण भिन्न मत के वर्ग पर एक प्रकार की वैचारिक अस्पृश्यता का प्रहार होता था और तब अटल जी के संपादकत्व में 'पांचजन्य, राष्ट्रधर्म, स्वदेश, हिंदुस्तान' जैसे पत्र निकले। वे संघर्ष के दिन थे। पंडित दीनदयाल उपाध्यायजी के साथ कठिनाइयों में भी वे खूब मेहनत से काम करते। तब उन्होंने लिखा।

बाधाएं आती हैं आएं,
घिरे प्रलय की घोर घटाएं
पांवों के नीचे अंगारे,
सिर पर बरसें यदि ज्वालाएं
निज हाथों में हंसते-हंसते,
आग लगाकर जलना होगा
कदम मिलाकर चलना होगा।

उनके संस्मरणों से जुड़ी घटनाओं में एक घटना को याद करते हुए श्री अरुण जेटली बताते हैं कि, "जब 1975 में आपातकाल की घोषणा हुई, तो उन्हें आडवानी जी व अन्य कुछ राजनीतिज्ञों के साथ बेंगलूर में कैद कर लिया गया। आरंभ में मुझे अम्बाला जेल में रखा गया था, लेकिन बाद में दिल्ली की तिहाड़ जेल में बदल दिया गया। वहीं हमें पता चला कि अटल जी का स्वास्थ्य गंभीर रूप से खराब है और उनकी पीठ में तकलीफ रहती है। उनकी पीठ की समस्या दिन-ब-दिन बिगड़ती ही गई, जिसके कारण आपातकाल का काफी समय उन्होंने 'एम्स' में ही बिताया, जहां उन्हें सर्जरी के लिए लाया गया था। इस अवधि दौरान हमें अस्पताल के बिस्तर से लिखी हुई उनकी नवीनतम कविता हासिल करने का सौभाग्य प्राप्त हुआ।

इस कविता का परिप्रेक्ष्य प्रासंगिक था। एम्स के डॉक्टर ने अटल जी से पूछा कि 'अटल जी आप ज्यादा झुक गए होंगे'। इस पर वाक्पटु अटल जी ने उस डॉक्टर को जवाब दिया था कि 'डॉक्टर साहब, हम झुक तो सकते नहीं, यूं कहिये, मुड़ गए होंगे।'

इसके उत्तर में उन्होंने एक कविता लिख डाली, जो 1970 के चुनाव दौरान अकसर सुनने को मिलती थी। कविता की पहली पंक्ति इस प्रकार है: "टूट सकते हैं, मगर हम झुक नहीं सकते।"

कैदी कविराय

आपातकाल के दिनों में जेल में बंद अटल कैदी कविराय के उपनाम से कविताएं लिखा करते थे। बाद में उनकी कविताओं को साप्ताहिक पत्र, 'साप्ताहिक हिंदुस्तान' में छापा गया। कविताओं के साथ मिले उनके पत्रों में वे खुद अपना मजाक बनाते या फिर संपादन की गलतियों पर संपादक को मीठा ताना दे रहे होते थे, जो कि हिन्दी लेखकों के लिए एक आम बात नहीं थी, राजनेताओं के लिए तो बिलकुल भी नहीं।

उनको जानने वाले यही कहते हैं कि उन पर जो सबसे पहला आरंभिक प्रभाव था, वो कई कवियों का रहा। मध्यप्रदेश के ही कई कवि अटल बिहारी वाजपेयी के कॉलेज में थे। डॉक्टर शिवमंगल सिंह 'सुमन' एक प्रगतिशील कवि और लेखक थे। अटल जी ने लाल किले से उनकी कविताएं भी पढ़ी हैं और अटल जी की जो बहुत मशहूर कविता है "हार नहीं मानूंगा रार नई ठानूंगा' और 'काल के कपाल पर लिखता-मिटाता हूं..." उस पर सुमनजी का प्रभाव है। इसी तरह की एक और कविता है– 'गीत नया गाता हूं...।' उनकी भाषा पर भी सुमनजी का प्रभाव है।

'टूटे हुए सपने की कौन सुने सिसकी?
अंतर को चीर व्यथा पलकों पर ठिठकी।
हार नहीं मानूंगा,
रार नई ठानूंगा,
काल के कपाल पर लिखता-मिटाता हूं।
गीत नया गाता हूं।'

महान कवि नीरज और अटल बिहारी वाजपेयी पुराने मित्र हैं। नीरज जी अपने मित्र यानी अटल जी की शख्सियत के कायल हैं। उन्होंने एक दोहे के माध्यम से अटल जी को रेखांकित किया। –''अटल, अटल जी ही रहे, लेकर दृढ़ विश्वास।''

अटल जी के साथ कवि सम्मेलन में मंच साझा करने वाले नीरज बताते हैं कि वह कवि पहले राजनेता बाद में हैं। मेरी और अटल जी की कुंडली में

कई समानताएं हैं। उनका लग्न तुला है, मेरी भी तुला लग्न है और तुला लग्न में जब शनि बैठता है, तो पैर बेकार हो जाते हैं। ऐसा हम दोनों के साथ हुआ है।

अटल एक सफल नेता से पहले कवि हैं। पुराने दिनों की यादों को ताजा करते हुए कहा कि वह वीर रस की काव्य रचनाएं मंच से साथ में पढ़ा करते थे। ग्वालियर, आगरा, अजमेर, दिल्ली में हुए कवि सम्मेलनों में कई बार साथ-साथ शामिल हुए। कानपुर में साथ-साथ उन्होंने बताया कि 1946 की बात रही होगी। उस समय अटल कानपुर के डीएवी डिग्री कॉलेज से वकालत की पढ़ाई कर रहे थे। हम हॉस्टल में रहते थे। वह अपने पिता के साथ कॉलेज आते थे। कॉलेज में साथ-साथ दो साल रहे।

भारत के वर्तमान प्रधानमंत्री नरेन्द्र भाई मोदी के साथ अटल जी

एक चुनावी सभी में श्री राजनाथ सिंह एवं अटल जी

अटल जी मध्य प्रदेश के मुख्यमंत्री शिवराज सिंह एवं भाजपा के महासचिव प्रभात एक कार्यक्रम में

शब्दों के जादूगर

भारत ने जितने भी महान वक्ताओं को सुना गया है, उनमें से वाजपेयी जी निश्चय ही महानतम हैं। उन्हें शब्दों को जादुई तरीके से सजाना आता था, लेकिन वह सदा पहले तौलते और फिर बोलते थे। वह शब्दों के जादूगर थे। वह कभी भी अभद्रता के मोह में नहीं फंसे। वह सामाजिक समरसता का महत्त्व समझते थे। उनकी सबसे बड़ी खूबी यह थी कि राष्ट्रहित में वह पार्टीहित से ऊपर उठने की क्षमता रखते थे।

देश की स्वतंत्रता के बाद अटल बिहारी वाजपेयी निर्विवाद रूप से सर्वश्रेष्ठ वक्ता रहे हैं, जिन्हें पूरा देश सुनना चाहता था। वे शब्दों के साथ मनचाहे तरीके से खेल सकने की क्षमता रखते थे और उनके कहे हर शब्द का मूल्य आंका जाता था। अटल जी शब्दों के सफल रचनाकार थे। उनकी अद्‌भुत वक्तृत्व शैली की धूम पूरे देश में है। गंभीर-से-गंभीर विषय को हल्के-फुल्के और विनोदी अंदाज में कहने के बावजूद उसकी मारक क्षमता और गंभीरता को बरकरार रखने के उनके अनोखे अंदाज का शायद ही कोई दूसरा सानी रहा होगा।

अटल जी की भाषण देने की अपनी एक विशिष्ट शैली है, सिर्फ भाषण की ही नहीं बल्कि लिखने की, पढ़ने की, खाने और पहनने तक की। वह किसी की नकल नहीं करते थे, उनके चरित्र में किसी अन्य व्यक्ति के चरित्र की छाप कभी नहीं दिखाई दी।

उनका भाषण बेजोड़ हुआ करता है।, उनका भाषण देने का अंदाज ही उस विशिष्ठ बना देता है। उनका भाषण चाहे कितना ही लम्बा हो, वह बोरियत भरा कभी नहीं होता। भाषण देने से पूर्व वे उस विषय को गंभीरता से समझते और बिंदुवार उसे नोट करते। फिर यह तय करते कि उसे कहां से शुरु करना है और कहां खत्म। भाषण के बीच में लम्बार 'पॉज' (विराम) देना उनकी खास आदत थी। श्रोता सांस रोककर उनके अगले शब्द की प्रतीक्षा करता। भाषण के बीच-बीच में हास-परिहास करना उनके स्वभाव में शामिल था।

लोगों को जोड़ने की कला

लखनऊ के पत्रकार अनिल कुमार का कहते हैं कि यूं तो उन्होंने कश्मीर से कन्याकुमारी तक बड़े-बड़े नेताओं का कवरेज किया है। पर अटल बिहारी वाजपेयी का कवरेज करने में मजा आता था। वे अद्‌भुत बोलते थे। मुझे याद है कि 1995 में लखनऊ में मेयर का चुनाव हो रहा था। यहां पर प्रसिद्ध रिटायर डॉक्टर एस.सी. राय को भाजपा ने टिकट दिया था। अटल बिहारी वाजपेयी ने शुरू किया- ''आज से 40 साल पहले मैं जवान था। गंजिग करता था। कैसरबाग चौराहे पर बैठता था। एक जवान लड़का लखनऊ की शाम को गंजिग क्यों करेगा..? शाम को कैसरबाग चौराहे पर क्यों बैठेगा?''

जनता हंसी और सीटियां और तालियां बजाने लगी।

फिर अटल जी बोले 'आज लखनऊ बीमार हो गया है और हम इसका इलाज कराने के लिए लाए हैं। हम लाए हैं डॉक्टर...डॉक्टर एस.सी. राय। ये इसकी बीमारी को दूर करेंगे ताकि आप भी गंजिग कर सकें और कैसरबाग में बैठ सकें।'

शब्दों की गरिमा का अद्‌भुत मिश्रण

राजनीति के गलियारे में भूतपूर्व प्रधानमंत्री श्री अटल बिहारी वाजपेयी जी का ओजस्वी भाषण और गम्भीर लेखन अपना एक विशेष स्थान रखता है। उनकी एक आवाज पर सभी कार्यकर्ता एकजुट होकर देशहित के लिये कार्य करने के लिये तत्पर रहते थे। उनके भाषण किसी चुम्बक के समान हैं, जिसको सुनने के लिये लोगों का हुजूम बरबस ही उनकी तरफ खिंचा आता था। विरोधी पक्ष भी अटल जी के धारा प्रवाह और तेजस्वी भाषण का कायल रहा है। अटल जी के भाषण, शालीनता और शब्दों की गरिमा का अद्‌भुत मिश्रण है। पूर्व लोकसभाध्यक्ष अनंतशायनम आयंगर ने एक बार कहा था कि लोकसभा में अंग्रेजी में हीरेन मुखर्जी और हिन्दी में अटलबिहारी वाजपेयी से अच्छा वक्ता कोई नहीं है।

जब वाजपेयी के एक नजदीकी दोस्त अप्पा घटाटे ने उन्हें यह बात बताई तो वाजपेयी ने जोर का ठहाका लगाया और बोले, ''तो फिर बोलने क्यों नहीं देता?'' हालांकि उस जमाने में वाजपेयी बैक बेंचर हुआ करते थे।

हाजिर जवाब अटल जी

अटल जी अपनी हाजिर जवाबी से भी हमेशा सुर्खियों में रहते थे। एक बार की बात है कि संसद में इंदिरा गांधी ने चर्चा के दौरान अटल जी के बारे में कहा कि वो हिटलर की तरह भाषण देते हैं और हाथ लहरा-लहरा कर अपनी बात रखते हैं। इसका जवाब देते हुए बाद में अटल जी ने कहा, 'इंदिरा जी हाथ हिलाकर तो सभी भाषण देते हैं, क्या कभी आपने किसी को पैर हिलाकर भाषण देते हुए भी सुना है?' इंदिरा गांधी को ऐसा जवाब देने का साहस सिर्फ अटल जी में ही था।

किंगशुक नाग अपनी किताब 'अटलबिहारी वाजपेयी- ए मैन फॉर ऑल सीजन' में लिखते हैं कि एक बार पंडित नेहरू ने भारत यात्रा पर आए एक ब्रिटिश प्रधानमंत्री से वाजपेयी को मिलवाते हुए कहा था, "इनसे मिलिए. ये विपक्ष के उभरते हुए युवा नेता हैं। हमेशा मेरी आलोचना करते हैं, लेकिन इनमें मैं भविष्य की बहुत संभावनाएं देखता हूं।"

अनुशासित रहने का संस्कार

अध्ययन काल से ही अटल जी समय के पाबंद अनुशासन प्रिय और वाक् संयमित रहें, यह संस्कार उन्हें माता-पिता, दादा, गुरु जन से विरासत में मिले हैं। विषम स्थिति में भी अपशब्द उनके होंठों पर नहीं आते। एक बार कॉलेज में कवि सम्मेलन का आयोजन किया गया। अटल जी कॉलेज की यूनियन के उपाध्यक्ष थे। कवि सम्मेलन का संयोजक भी उन्हीं को बनाया गया सम्मेलन की सारी तैयारियां हो चुकी थी। श्रोता आमंत्रित कवियों को सुनने को बेचैन थे, रात के 11:00 बज गए, लेकिन कोई कविगण आने को राजी ही नहीं थे और जब आए तो नशे में लड़खड़ाते हुए। यह देखकर अटल जी ने तत्काल कवि सम्मेलन रद्द करने की घोषणा कर दी। इस प्रकार बिना एक अपशब्द कहे उन्होंने कवियों को समय और अनुशासन का पाठ पढ़ा दिया।

अटल जी अपने विक्टोरिया कॉलेज दिनों से भी प्रखर वक्ता थे। स्व. राजेन्द्र सिंह (रज्जू भैया) पूर्व सरसंघचालक राष्ट्रीय स्वयंसेवक संघ इस बारे में बताया करते थे कि एक बार अटल जी विक्टोरिया कॉलेज में हुई अंतरविश्वविद्यालयीन वाद-विवाद प्रतियोगिता में भाग लेने ग्वालियर के प्रतिनिधि बनकर पहुंचे। गाड़ी विलम्ब से होने के कारण, जब तक पहुंचे, तब तक प्रतियोगिता समाप्त हो चुकी थी तथा निर्णय सुनाये जाने की तैयारी चल रही थी। यात्रा की थकान होने के बावजूद इनकी टीम ने आग्रह किया, कि हममें से कम-से-कम एक को तो बोलने का अवसर दिया जाए। अनुमति मिलने पर जब अटल जी का धाराप्रवाह ओजस्वी भाषण हुआ तो निर्णायकों के सारे निर्णय बदल गए, अटल जी को ही प्रथम पुरस्कार मिला।

उसी विक्टोरिया कॉलेज के वार्षिक स्नेह-सम्मेलन के अवसर पर, मैदान में, उत्तम स्वल्पाहार का आयोजन होता था। पुरस्कार-वितरण के बाद, छात्र बेतहाशा भाग कर स्वल्पाहार की टेबिलों पर टूट पड़ते थे। छीना-झपटी मच जाती थी। सारी व्यवस्था भंग हो जाती थी। 1944-45 वाले सत्र पर, पुरस्कार-वितरण के बाद जब ऐसी ही भागदौड़ मचने वाली थी तो अटल बिहारी जी ने बुलन्द आवाज में कहा,'' स्वल्पाहार के लिए हम कुत्तों की तरह नहीं भागेंगे!'' यह सुनकर सब रुक गये। सब शांतिपूर्वक, मैदान में, स्वल्पाहार से भरी-सजी टेबिलों तक पहुंचे और किसी भी छात्र ने उनके इस कथन का बुरा न माना।

सर्वधर्म समभाव में विश्वास

अटल जी लोकतांत्रिक प्रणाली के नायक हैं और संसदीय जीवन मूल्यों में भली-भांति पारंगत हैं। उन्होंने आम सहमति और समरसता के दोनों गुणों का महत्त्व महसूस किया है। मंत्रिमंडल की मीटिंगों का संचालन उन्होंने कभी भी तनावपूर्ण अवस्था में नहीं किया। यदि संसदीय सदस्यों में से कोई किसी मुद्दे को उठाता था या दूसरे की बात काटता था, तो अटल जी चर्चा को प्रोत्साहित करते। फिर भी अंतिम निर्णय उन्हीं के हाथ होता था। उनकी विचारधारा उदार थी।

कांग्रेस से इतर किसी दूसरी पार्टी के सर्वाधिक लंबे समय तक प्रधानमंत्री पद पर आसीन रहने वाले वाजपेयी को अकसर भाजपा का उदारवादी चेहरा कहा जाता है।

वे कहते थे, 'मैं कहता हूं कि मैं भी कांग्रेस में होता, अगर कांग्रेस विभाजन की जिम्मेदार नहीं होती' कांग्रेस विरोध को संगठित कर देश में राजनैतिक समरसता और क्षेत्रीय अस्मिता को सम्मान दिलाने में वाजपेयी जी का योगदान बेजोड़ है। उन्होंने जहां अपनी आस्था और निष्ठा को अडिग रखा और अटल बने रहे, वहीं राजनैतिक समरसता और क्षेत्रीय अस्मिता के समादर के लिये उन्होंने कभी हठवादिता का परिचय नहीं दिया। इसके कारण ही उनके प्रखर विरोधी उनके प्रशंसक बने।

उनको भाजपा का उदारवादी चेहरा माना जाता है। जबकि इस बात के उत्तर में अटल जी यही कहते थे कि उन्हें ऐसा उपनाम देना अखबार वालों की मेहरबानी है। हास्यपूर्ण ढंग से वे साथ ही ये भी कहते, गनीमत है कि उदार चेहरा ही कहते हैं, कुछ और चेहरे पर दाग नहीं लगाते हैं।' उनका मानना था कि भारतीय जनता पार्टी को लोगों ने पहचाना नहीं है। हालांकि उस समय चार- पांच प्रदेशों में भाजपा की सरकार चल रही थी तथा कहीं भी सांप्रदायिक तनाव नहीं था। कहीं भी मजहब के आधार पर भेदभाव नहीं है।

वे कहते थे कि ''सर्वधर्म समभाव में हमारा विश्वास है, हम उसी के अनुसार आचरण करते हैं। सांप्रदायिकता क्या है? अगर धर्म या मजहब के आधार पर भेदभाव किया जाए तो वह सांप्रदायिकता है। अगर वोट बैंक की राजनीति की जाए तो वह सांप्रदायिकता है। हम तो एक राष्ट्रवादी पार्टी है। पार्टी में और मेरे विचारों में कोई अंतर नहीं है, कोई भेदभाव नहीं है। इसलिए ये कहना गलत होगा कि मैं उदारवादी हूं और भाजपा सांप्रदायिक।''

लोकप्रिय प्रधानमंत्री

अटल विहारी वाजपेयी यानी एक ऐसा नाम, जिसने भारतीय राजनीति को अपने व्यक्तित्व और कृतित्व से इस तरह प्रभावित किया, जिसकी मिसाल नहीं मिलती। जवाहर लाल नेहरू के बाद अटल विहारी वाजपेयी ही एकमात्र ऐसे नेता हैं, जिन्होंने लगातार तीन बार प्रधानमंत्री पद संभाला। भारतीय राजनीति में 60 के दशक में चीन के आक्रमण के बाद पंडित नेहरू को संसद के अंदर जिस तेजस्वी युंवा की दहाड़ ने निरुत्तर किया था, वह अटल विहारी वाजपेयी पूरे 50 वर्ष भारतीय राजनीति में सर्वमान्य और लोकप्रिय व्यक्तित्व बने रहे। राष्ट्रीय और अंतर्राष्ट्रीय फलक पर जवाहरलाल नेहरू की शैली और स्तर के नेता के रूप में सम्मान पाने वाले वाजपेयी का प्रधानमंत्री के रूप में 1998-99 का कार्यकाल साहसिक और दृढ़निश्चयी फैसलों के वर्ष के रूप में जाना जाता है।

एक साधारण परिवार में जन्मे इस राजनेता ने अपनी भाषण कला, भुवनमोहिनी मुस्कान, लेखन और विचारधारा के प्रति सातत्य का जो परिचय दिया, वह आज की राजनीति में दुर्लभ है। सही मायने में वे पं. जवाहरलाल नेहरू के बाद भारत के सबसे करिश्माई नेता और प्रधानमंत्री साबित हुए।

हालांकि बहुत पहले पंडित नेहरू ने अटल जी की प्रखर और ओजमयी व्याख्यान शैली से प्रभावित होकर उनके बारे में बहुत पहले ही यह भविष्यवाणी कर दी थी कि ''वे जरूर एक दिन भारत का प्रधानमंत्री बनेंगे।'' जब जॉन फिट्जराल्ड कैनेडी अमरीका के राष्ट्रपति के चुनाव में खड़े हुए, तो उनके साथ वहां की निर्वाचन-प्रणाली को समझने के लिए नेहरू जी ने अपनी पार्टी के किसी सदस्य को भेजने के बजाय जनसंघ के अटल जी को भेजा। शायद नेहरू जी को तभी उस युवक अटल विहारी वाजपेयी में भारत के भावी प्रधानमंत्री बनने की योग्य-क्षमता की झलक मिल गयी थी।

वे प्रधानमंत्री बने भी, लेकिन गठबंधन राजनीति की मजबूरियां ही कहिए कि भाजपा को अपने मूल से जुड़े मुद्दों को पीछे धकेलना पड़ा। इन्हीं मजबूरियों के चलते जम्मू-कश्मीर को विशेष राज्य का दर्जा समाप्त करने, अयोध्या में

राम मंदिर का निर्माण करने और समान नागरिक संहिता लागू करने जैसे उसके चिर प्रतीक्षित मुद्दे ठंडे बस्ते में चले गए। इसी अवधि के दौरान भारत ने मई 1998 में पोखरण में श्रृंखलाबद्ध परमाणु परीक्षण किए। पोखरण में हुए परमाणु परीक्षण से अमेरिका सहित सारी दुनिया को भारत की कूटनीति और सामरिक ताकत से परिचित कराया। यह परीक्षण अटल जी के नेतृत्वकाल को भारत के प्रतिरक्षा जगत में मील के पत्थर के रूप में जाना जाता है। अमेरिका जैसे पश्चिमी राष्ट्रों के तमाम सामरिक प्रतिबंधों के बावजूद किए गए इस न्यूक्लियर टेस्ट के बाद भारत दुनिया की 6वीं परमाणु ताकत के रूप में जाना गया।

हिंदुस्तान में पहली बार अटल विहारी वाजपेयी ने अलग-अलग तान खींचने वाली 18 पार्टियों की सरकार चलाई। सरकार बखूबी चली

विभिन्न अवसरों पर अटल जी

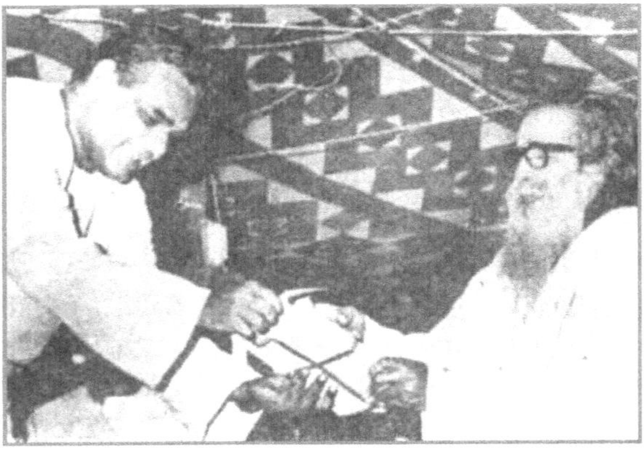

पूज्य सरसंघ चालक गुरुजी गोवलकर जी के साथ अटल जी

पंडित दीनदयाल उपाध्याय के साथ युवा अटल जी

पूर्व सर संघचालक डॉ. राजेन्द्र सिंह (रज्जू भैया) के साथ अटल जी

गठबंधन की शिक्षा पाई घर से

सिर्फ एक पीढ़ी की बात की जाए तो अटल विहारी वाजपेयी के परिवार में 40 लोग थे। प्रधानमंत्री बनने के बाद भी अटल सबके सुख-दु:ख के साथी रहे। घर में कोई भी झगड़ा हो तो सुलह के लिए अटल विहारी वाजपेयी को ही याद किया जाता था। अटल जी के भतीजे दीपक वाजपेयी बताते हैं कि चार भाई और तीन बहन में अटल जी एकमात्र राजनीतिज्ञ रहे और अविवाहित रहे। छह की शिकवे-शिकायतें वो शुरू से दूर करते थे। किसी के मन में कोई भी बात होती थी तो सीजफायर करने के लिए वो दिल्ली से आते थे।

वाजपेयी जी शायद दक्षिण एशिया में ऐसे पहले नेता थे, जिन्होंने अपनी एक विचारधारा वाजपेयीवाद की स्थापना की। वाजपेयी ने 25 पार्टियों की सरकार चलाते हुए चमत्कार कर दिखाया, जिनके बीच गठजोड़ के नाम एनडीए के अलावा कुछ भी साझा नहीं था। पहले 13 दिन, फिर 13 महीने के आंकड़े के बावजूद बाद में गठबंधन सरकार को न केवल स्थायित्व दिया, बल्कि उन समाजवादियों के साथ सफलतापूर्वक सरकार चलाई, जिन समाजवादियों को कहा जाता है कि उनको साथ लेकर चलना मेढ़क तौलने जैसा है।

अटल विहारी वाजपेयी देश के लोकतांत्रिक इतिहास में सफल गठबंधन की राजनीति का ऐसा अध्याय लिख चुके हैं, जो अपने आप में बेजोड़ है। एक सवाल, अटल जी ने गठबंधन सरकार बखूबी चलाने का हुनर कहां से सीखा। जवाब ग्वालियर में उनके भरे-पूरे परिवार में छिपा है। हर कदम कुछ सीखने की चाहत रखने वाले अटल विहारी वाजपेयी ने अपने भरे पूरे कुनबे की बदौलत ही हिंदुस्तान को कामयाब गठबंधन सरकार की सौगात दी।

जनसंघ में सक्रियता

8 मई, 1953 को धोती-कुर्ता पहने 28 बरस के उस नौजवान की ओर भी रुख किए चलते हैं, जहां वह दिल्ली रेलवे स्टेशन पर एक पैसेंजर ट्रेन की अनारक्षित बोगी में अपना सामान धकेलने की जद्दोजहद कर रहा था। यह नजारा भारतीय जनसंघ (वर्तमान भारतीय जनता पार्टी के पूर्ववर्ती दल) के संस्थापक डॉ. श्यामा प्रसाद मुखर्जी की रवानगी का था। डॉ. मुखर्जी सरकार के प्रवेश-परमिट आदेश का उल्लंघन करने और जम्मू-कश्मीर का भारतीय संघ में पूर्ण विलय किए जाने की मांग को लेकर राज्य में दाखिल होने के मिशन पर रवाना हो रहे थे। उनके साथ मौजूद इस अनजान से युवक का नाम अटल विहारी वाजपेयी था, जो अब तक पत्रकार रहने के बाद डॉ. मुखर्जी के राजनीतिक सचिव बने थे। द्वितीय महायुद्ध के दौरान अटल विहारी वाजपेयी गोरखपुर में संघ की शाखा में पहुंचे। वहीं पर नानाजी देशमुख से उनका परिचय हुआ। बाद में वे संघ से प्रकाशित होने वाले 'राष्ट्रधर्म' मासिक और 'पांचजन्य' साप्ताहिक के संपादक भी रहे। 1951 में जनसंघ का जन्म हुआ।

इसी दौरान डॉक्टर श्यामाप्रसाद मुखर्जी का उत्तर प्रदेश दौरा था। पत्रकार होने के नाते वाजपेयी भी साथ में थे। डॉक्टर मुखर्जी के पहुंचने में विलंब होने के कारण सभा में आए लोगों को जमाए रखने के लिए वाजपेयी से कहा गया।

इस दौरान उनकी अद्भुत भाषण शैली से लोग मंत्रमुग्ध हो गए। डॉक्टर मुखर्जी ने कश्मीर आंदोलन के प्रारंभ में ही कश्मीर प्रवेश कर सत्याग्रह करने का निश्चय लिया। उनका जेल जाना तय था।

डॉ. मुखर्जी को 10 मई, 1953 को जम्मू-कश्मीर सीमा पर उस समय गिरफ्तार कर लिया गया, जब वे प्रवेश परमिट लिए बिना राज्य में दाखिल हो रहे थे। उन्हें श्रीनगर जेल ले जाया गया। उन्होंने अपने साथी वाजपेयी को पार्टी के सदस्यों के लिए संदेश और आंदोलन जारी रखने के पैगाम के साथ दिल्ली वापस भेज दिया। उनका कहना था 'एक देश में दो विधान, दो प्रधान और दो निशान नहीं चलेंगे।'

डॉ. मुखर्जी की श्रीनगर में हिरासत के दौरान रहस्यमय परिस्थितियों में 23 जून, 1953 को मौत हो गई और युवा वाजपेयी के मन पर इसका गहरा असर हुआ।

जनसंघ के तत्कालीन महासचिव पं. दीनदयाल उपाध्याय ने डॉ. श्यामा प्रसाद मुखर्जी की शहादत के बाद उस महाशून्य को भरने के लिये अटल विहारी वाजपेयी को लोकसभा में भेजने का निर्णय लिया था। तब संसाधनों के अभाव में चुनाव दुष्कर कार्य था। लेकिन अटल जी को तीन स्थानों से लड़ाने की योजना दीनदयाल जी की थी।

दीनदयाल जी की हार्दिक इच्छा थी कि अटल जी संसद में अवश्य पहुंचे। उनका स्पष्ट तौर पर मानना था कि डॉ. श्यामाप्रसाद मुखर्जी की शहादत से उत्पन्न शून्य को अटल जी ही भर सकते हैं। इसके बाद की भारतीय राजनीति में अटल जी के योगदान को देखकर कोई भी पं. दीनदयाल उपाध्याय की दूरदर्शिता से प्रभावित हुए बिना नहीं रह सकता। जनसंघ के चार सदस्यीय दल के लोकसभा में नेता चुने गये। राजनीति में उतरे अटल जी ने सन् 1955 में उन्होंने पहली बार लोकसभा चुनाव लड़ा, परन्तु सफलता नहीं मिली। लेकिन हिम्मत नहीं हारी और सन् 1957 में बलरामपुर (उत्तर प्रदेश) से जनसंघ के प्रत्याशी के रूप में विजयी होकर लोकसभा में पहुंचे। सन् 1957 से 1977 तक जनता पार्टी की स्थापना तक वे 20 वर्ष तक लगातार जनसंघ के संसदीय दल के नेता रहे।

लोकसभा में प्रवेश

1957 चल रहा था। यह वर्ष देश में आम चुनाव का वर्ष था। अटल जी की ख्याति से प्रभावित होकर जनसंघ ने उन्हें चुनाव में उतारने का मन बना लिया था। दूसरे लोकसभा चुनाव की चर्चा और उसके बाद लोकसभा में अटल जी की उपस्थिति और गतिविधियों का वर्णन स्वयं अटल जी के शब्दों में प्रस्तुत करना बेहतर होगा।

अटल जी के शब्दों में- 'वह 1957 का साल था। लोकसभा का दूसरा आम चुनाव होने जा रहा था। पार्टी जड़ें जमाने में लगी थी। डॉक्टर श्यामा प्रसाद मुखर्जी की छत्रछाया उठ चुकी थी। ना ख्यातनाम नेतृत्व था, ना विस्तृत जनाधार। चुनाव लड़ने के लिए उम्मीदवार मिलना भी मुश्किल था। कौन गांठ से खर्च कर जमानत करवाए? फिर भी चुनाव लड़ना ही था। पार्टी के संदेश को अधिक-से-अधिक लोगों तक पहुंचाने का इससे अच्छा अवसर कब आता? मुझे तीन चुनाव क्षेत्रों से लड़ाने का फैसला किया गया, पहला लखनऊ, दूसरा मथुरा और तीसरा बलरामपुर। इससे पहले बलरामपुर मैं कभी नहीं गया था,ना मुझे उसके भूगोल का ज्ञान था, ना इतिहास का। गोंडा से गोरखपुर के लिए जो छोटी लाइन जाती थी, बलरामपुर का स्टेशन उसी पर स्थित था। रेलगाड़ी आधी रात को गोंडा से चलती थी और ब्रह्म मुहूर्त में बलरामपुर पहुंचती थी।

मैं छोटी लाइन से सुपरिचित था, ग्वालियर और भिंडी के बीच तो और भी छोटी लाइन की गाड़ियां आराम से चलती थी और पहुंचने में काफी समय लेती थी। उसी टिकट पर उन्हीं पैसों में लंबी यात्रा का आनंद मिलता था। मैं गोंडा में गाड़ी में चढ़ा और सकरी सी बर्थ पर बिस्तर बिछा कर सो गया। सुबह आंख खुली तो गाड़ी एक स्टेशन पर खड़ी थी। खिड़की खोल कर देखा तो सैकड़ों कौवे स्टेशन पर लगे पेड़ों पर बैठे कांव-कांव कर रहे थे। सारा आकाश गूंज रहा था। मैंने पूछा यह कौन सा स्टेशन है, उत्तर मिला-कौवापुर। कौवापुर और इनटीआथोक के बीच में स्थित बलरामपुर स्टेशन नेपाल जाने वाले यात्रियों के लिए विश्राम स्थल का काम करता है। यह नगर घागरा के किनारे पर बसा है। बलरामपुर एक छोटी-सी रियासत थी। 1947 में उत्तर प्रदेश का अंग बनी थी। भारतीय जनसंघ के रूप में लोगों को कांग्रेस का एक नया

विकल्प मिला था। लोग आकृष्ट हुए थे। जनसंघ की राष्ट्रवादी पृष्ठभूमि ने उसे प्रभावित किया था। राज्यतंत्र समाप्त हो गया था, किंतु जमींदारी कायम थी। काफी जमींदार मुसलमान थे, जो आर्थिक उत्पीड़न के साथ धार्मिक भेदभाव करते थे। अपने चुनावी दौरे में मुझे अनेक ऐसे क्षेत्र मिले, जहां घड़ियाल और शंख बजाना मना था। स्वतंत्रता के बाद इस स्थिति में परिवर्तन हुआ था, किंतु परिवर्तन की लहर दूरदराज के क्षेत्रों तक नहीं पहुंची थी। जमींदारों का आतंक छोटे और मझोले किसान पर था, इसलिए वे भारतीय जनसंघ के साथ जुड़े। नतीजा यह हुआ कि मैं बलरामपुर के लोकसभा के निर्वाचित कर लिया गया। वहां कुल 4,82,800 मतदाता थे, जिनमें से 2,26,948 मतदाताओं ने मत अधि कार का उपयोग किया, मुझे 1,18,380 मत मिले। कांग्रेस के श्री हैदर हुसैन लगभग 10,000 मतों से चुनाव हार गए। यदि कांग्रेस का उम्मीदवार हिंदू होता तो शायद मैं चुनाव नहीं जीत पाता।

श्री हैदर हुसैन लखनऊ के नामी वकील थे।लेकिन उनके लिए बलरामपुर में लोगों से संपर्क बनाए रखना सरल नहीं रहा था। वे कांग्रेस के बल पर चुनाव जीतते थे। कांग्रेस विरोधी भावना बढ़ रही थी। अतः मुझे चुनाव में सफलता मिली, हालांकि मुझे दो अन्य चुनाव क्षेत्र में भारी पराजय का सामना करना पड़ा था। मथुरा में तो मेरी जमानत जब्त हो गई। ऐन वक्त पर कांग्रेस को हराने के लिए भारतीय जनसंघ के समर्थक भी निर्दलीय उम्मीदवार राजा महेंद्र प्रताप के साथ चले आए। राजा साहब के लिए लोगों के दिल में बड़ा आदर था। वह स्वतंत्रता के संग्राम में भाग ले चुके थे। विदेश में गठित स्वतंत्र भारत की सरकार के प्रथम राष्ट्रपति रह चुके थे। उनके द्वारा स्थापित प्रेमाश्रम शिक्षा के क्षेत्र में अच्छा काम कर रहा था। वह कांग्रेस विरोधी भावना का भरपूर लाभ उठाने में सफल हुए थे। उनका जाट होना भी उनके लिए सहायक बना मुझे यह अफसोस रहा कि पार्टी की स्थानीय इकाई को या तो मुझे वहां से लड़ने के लिए विवश नहीं करना चाहिए था और जब मैं मैदान में उतर ही गया था तो फिर सभी वोट मेरे पक्ष में डलवाने के बारे में दृढ़ रहना चाहिए था। गैर कांग्रेसवाद की लहर में पार्टी के कट्टर समर्थकों का बह जाना उचित नहीं कहा जा सकता।

लखनऊ में पार्टी को अच्छा जन समर्थन मिला, कांग्रेस के विजयी उम्मीदवार श्री पुलिन विहारी बनर्जी को 69,519 वोट मिले, जबकि मेरे मतों की संख्या 57,034 थी। यदि काम्यूनिस्ट उम्मीदवार कुछ अधिक वोट ले जाते तो कांग्रेस को हराया जा सकता था। ऐसा लगता है कि जनसंघ को हराने के

लिए वामपंथ की ओर झुकाव रखने वाले मतदाताओं ने भी कांग्रेस के पक्ष में वोट दिया था।

1957 में लोकसभा के चुनाव में मुझे मिलाकर जनसंघ के चार सदस्य चुने गए थे। पार्टी को हरदोई से सुरक्षित सीट पर विजय प्राप्त हुई थी, दो अन्य सदस्य श्री उत्तमराव पाटील और श्री प्रेम जी भाऊ भाई आसार महाराष्ट्र से चुने गए थे। महाराष्ट्र में विपक्षी दल संयुक्त महाराष्ट्र के निर्माण के लिए संयुक्त संघर्ष कर रहे थे। जनसंघ उस संघर्ष में शामिल था। चुनाव भी संयुक्त रूप से लड़ने का तय हुआ था। श्री उत्तमराव पाटील धूलिया से और प्रेम जी भाई आसार रत्नागिरी से चुने गए थे। श्री पाटिल एडवोकेट थे और श्री प्रेम जी भाई असार व्यापारी। इस तरह जनसंघ के चारों सदस्य एक दृष्टि से पूरे समाज का प्रतिनिधित्व करते थे। भारतीय जनसंघ के हम चारों सदस्य संसद में पहली बार आए थे। इनमें से विधानसभा का कोई भी सदस्य नहीं था। विधाई कार्य के लिए सर्वथा नए थे, ना कोई पूर्व अनुभव था ना कोई अनुभवी सदस्य ही सहायता के लिए उपलब्ध था। संख्या कम होने के कारण सभी सदस्यों को सदन में पिछली बेंच पर स्थान मिले थे। लोकसभा अध्यक्ष की नजर खींचना टेढ़ा काम था। विभिन्न विषयों पर चर्चा में समय पार्टी के संख्या बल के अनुसार मिलता है। छोटे दलों के सदस्यों को बोलने के लिए पहले भी समय नहीं मिलता था, अब भी नहीं मिलता।

दीनदयाल शोध संस्थान के कार्यक्रम में अटल जी

राजमाता विजय राजे सिंधिया के साथ अटल जी

लालकृष्ण अडवाणी से गले मिलते अटल जी

लोकसभा में जगह बनाई

विदेश नीति मेरा प्रिय विषय रहा है। अंतर्राष्ट्रीय स्थिति पर चर्चा उन दिनों महत्त्वपूर्ण घटना होती थी। प्रधानमंत्री नेहरू, जो विदेश मंत्री भी थे, उनके समय में जब विदेश मंत्रालय के अनुदानों की मांगों पर चर्चा होती तो सदन खचाखच भर जाता, दर्शक दीर्घा में भारी भीड़ जुटती। कूटनीतिज्ञों के विपक्ष में बैठने की जगह ना रहती। प्रमुख विरोधी दल के नाते कम्युनिस्ट नेता अंतर्राष्ट्रीय परिस्थिति और उसके संबंध में भारत की नीति पर चर्चा आरंभ करते। प्रजा समाजवादी दल भी अपनी बात किया था। किंतु भारतीय जनसंघ के लिए बोलने का समय पाने में बड़ी कठिनाई होती थी। पार्टी के हिस्से में मुश्किल से दो-चार मिनट पर बहस लंबी की जाती। प्रधानमंत्री द्वारा बहस का उत्तर दिए जाने का समय निश्चित होता। एक बार तो समय न मिलने के कारण मुझे विरोध स्वरूप सदन त्याग करना पड़ा था। फिर भी जो समय मिलता, उसका जनसंघ सदस्य पूरा लाभ उठाने का प्रयास करते।

विदेश नीति पर मेरे पहले भाषण ने सदन का ध्यान आकृष्ट किया था। सदन में अंग्रेजी छाई रहती थी। विदेश नीति पर तो अधिकांश भाषण अंग्रेजी में ही होते थे। समाजवादी दल के श्री बृज राज सिंह जरूर हिन्दी में बोलते थे। मेरी प्रांजल भाषा और धाराप्रवाह शैली सदस्यों को पसंद आती थी। 20 अगस्त, 1958 को प्रधानमंत्री श्री नेहरू जी ने पूरी बहस का उत्तर देते हुए अंग्रेजी भाषण को समाप्त करने के बाद अध्यक्ष से हिन्दी में कुछ कहने की अनुमति मांगी। सदस्यों ने तालियां बजाकर उनका स्वागत किया और नेहरू जी ने मेरा नाम लेकर हिन्दी में बोलना शुरू किया तो प्रसन्नता प्रकट की गई।

नेहरू जी का भाषण इस प्रकार था- "कल जो बहुत से भाषण हुए, उनमें से एक भाषण श्री वाजपेयी का भी हुआ। अपने भाषण में उन्होंने एक बात कही थी कि जो हमारी वैदेशिक नीति है, वह उनकी राय में सही है। मैं उनका मशकूर हूं कि उन्होंने ऐसी बात कही। एक बात उन्होंने और भी कही कि बोलने के लिए वाणी होना चाहिए, लेकिन चुप रहने के लिए वाणी और विवेक दोनों चाहिए। इस बात से मैं पूरी तरह से सहमत हूं। आप यह तो जानते ही हैं कि दूसरी महफिलों में यह बात चल सकती है और खाली दुनिया की महफिलों में यह नहीं चल सकती। कम-से-कम जहां तक हमारी विदेश

नीति का संबंध है, कभी-कभी हम जोश में आ सकते हैं और कभी धोखा भी हो सकता है। लेकिन मेरी इच्छा यही रही है कि हम कम-से-कम बोले, कम-से-कम दखल दें।

फिर भी मुश्किल यही है कि जब हम नहीं बोलते तो साहिबान कहते हैं तुम तो ठंडे हो गए हो, तुम डर गए हो। श्री खाडिलकर साहब ने कहा कि उनके हाथों में तुमने लगाम दे दी है, तुम्हें घुड़सवारी खुद ही करनी चाहिए। मैं बिलकुल सहमत हूं, मैंने एक बार कहा भी था। शायद यहीं कहा था या कहीं और कहा था कि कुछ दिन के लिए जो फॉरेन सेक्रेटरी वगैरा दुनिया के हैं कोई 6 महीने के लिए चुप हो जाए तो दुनिया का बहुत भला होगा, दुनिया का बहुत कल्याण होगा। किसी को हानि नहीं होगी। एक बात श्री वाजपेयी ने कही थी और आचार्य कृपलानी जी ने भी इसकी चर्चा की थी कि वह जो शिखर सम्मेलन की चर्चा हुई और उसका जो जवाब हम ने जल्दी दिया उससे कुछ लोगों पर यह असर हुआ कि हम बहुत लालायित थे उस में जाने के लिए, उस में भाग लेने के लिए।

मैं बताना चाहता हूं कि वाकियात क्या हुआ। हमने बार-बार कहा और कई वर्षों से हमारी यही नीति चली आ रही है कि हमें अगर किसी कांफ्रेंस में बुलाया जाए तो हमारी कोई खास इच्छा नहीं होती है उसमें जाने की, लेकिन अगर हमारे जाने से कुछ लाभ की आशा हो, अगर लोग हमें बुलाएं। करीब-करीब तो हम जाने को तैयार है, हो सकता है कि हमारे जाने से कोई लाभ न हो। लेकिन इंकार करना भी शोभा नहीं देता। कोरिया के मामले में तथा इंडो चीन के मामले में हम इसीलिए फंसे हैं और हमारे लिए ना कहना नामुमकिन हो गया था और ना कहना खास तौर पर इसलिए भी मुश्किल हो गया था कि सब लोगों ने मिलकर कहा कि तुम जाओ दूसरा कोई देश इस काम के लिए तैयार नहीं था, यहां मौजूद नहीं था। मौजूद से मेरा मतलब यह नहीं कि हम उन सबसे अच्छे हैं, लेकिन हम उन सब बहुत से मुल्कों में से हैं, जिन पर थोड़ा-बहुत भरोसा दोनों पक्ष करते हैं, तो इस तरह की चीज हो जाती है इसलिए हम कोरिया गए, इंडो चीन गए।''

नेहरू जी की मृत्यु के बाद देश में कई उतार चढ़ाव आए। और एक घटनाक्रम तेजी से घूमते हुए 1975 में जा पहुंचा।

आर.एस.एस. पर प्रतिबंध

संघ के स्वयंसेवक, कार्यकर्ता और प्रचारक गिरफ्तार किये गए। पुलिस ने गिरफ्तार करने में उम्र का भी ख्याल नहीं रखा। ऐसे ही संघ के एक कार्यकर्ता संतोष शर्मा की उम्र तब सिर्फ 14 वर्ष थी और वे 9वीं कक्षा के छात्र थे। जब वे बंदी बनाए गए। 'मध्यप्रदेश के वर्तमान मुख्यमंत्री शिवराज सिंह चौहान तब महज 16 साल के थे। वे बताते हैं- 'मध्यप्रदेश में यह पहली घटना थी, जब एक ही स्कूल, एक ही कक्षा के तीन साथियों को पुलिस ने गिरफ्तार किया। हमारी गिरफ्तारी धारा 151 के तहत की गई। 10 दिन बाद हमें रिहा कर दिया गया। लेकिन कांग्रेस का षड्यंत्र गहरा था। जेल से बाहर आने के पहले, गेट पर ही भारतीय सुरक्षा अधिनियम (डी.आई.आर.)के तहत हमें फिर गिरफ्तार कर लिया गया। पुलिस गिरफ्तार कर सिर्फ जेल में डालती थी, जेल जाने से पहले थाने में बर्बर अत्याचार किया जाता था।'

आपातकाल के पुलिसिया जुल्म और जेल की प्रताड़ना को याद कर संतोष शर्मा का हंसमुख चेहरा तनाव से भर जाता है। आपातकाल की दास्तां सुनाते हुए वे बताते हैं- '20 जनवरी, 1976 को सुरेश गुप्ता, अशोक गर्ग, शंभू सोनकिया, चन्द्रभान यादव और रमेश सिंह के साथ भोपाल के चौक इलाके में आपातकाल के खिलाफ नारे लगाते हुए पर्चे बांट रहे थे, तभी पुलिस ने हमें गिरफ्तार कर लिया। जनवरी में कड़ाके की ठंड होती है। पुलिस ने सर्दी के कपड़े उतरवा कर थाने के लॉकअप में बंद कर दिया। ठंड भगाने के लिए हम लोग रातभर दंड-बैठक, सूर्य नमस्कार और अन्य व्यायाम करते रहे ताकि शरीर में कुछ गर्मी आ सके।

दूसरे दिन प्रातः आठ बजे थाना प्रभारी ने अन्य पुलिसकर्मियों के साथ सुरेश गुप्ता, अशोक गर्ग और शंभू सोनकिया को खूब डंडे मारे। मुझे कम उम्र और दुबला-पतला देखकर भी उनको रहम नहीं आया। थाने के टीआई ने कहा-'बड़ा क्रांतिकारी बनता है।' हमारे ऊपर भी डंडे बरसाये। हालांकि हम सभी राजनीतिक बंदी थे, कम उम्र के थे, फिर भी हमें हथकड़ी लगाई गई। हम राजनीतिक, सामाजिक और कानूनी तौर पर दमन के शिकार हुए।'

उल्लेखनीय है कि आपातकाल में अगर किसी एक संगठन का सबसे अधिक दमन हुआ तो वह था राष्ट्रीय स्वयंसेवक संघ। आपातकाल के दौरान गिरफ्तार और प्रताड़ित होने के लिए राष्ट्रीय स्वयंसेवक संघ से संबद्धता ही काफी थी। चुन-चुनकर संघ के कार्यकर्ता पकड़े गए। संतोष शर्मा जैसे कई और स्वयंसेवक थे, जिनकी पढ़ाई छूट गई।

जेल से बाहर आने के बाद भी स्कूल ने पुनः लेने से मना कर दिया। ऐसे लोग सामाजिक उपेक्षा के भी शिकार हुए। आपातकाल के दौरान शुरू हुआ संघर्ष उसके बहुत समय बाद तक चलता रहा। संतोष शर्मा 1987 में शासकीय सेवा के लिए चयनित हुए। लेकिन पुलिस सत्यापन में 'शासकीय सेवा के योग्य नहीं' लिखा गया। उच्च न्यायालय में लंबी लड़ाई के बाद श्री शर्मा को न्याय मिला।

भारतीय जनता पार्टी का गठन

वर्ष 1977 में सत्ता हासिल करने के महज तीन साल के भीतर जनता पार्टी के बिखरने के बाद अटल जी न तो नई पार्टी बनाना चाहते थे और न ही नई पार्टी का अध्यक्ष ही बनना चाहते थे। आडवाणी जी के नई पार्टी बनाने के प्रस्ताव को अटल जी ने खारिज कर दिया था। अटल जी तब जनता पार्टी के किसी गुट से जुड़े रहना चाहते थे। उस दौरान चंद्रशेखर भी अटल-आडवाणी के साथ पार्टी बनाने का प्रस्ताव ले कर आए थे। हालांकि तब चंद्रशेखर नहीं चाहते थे कि अटल पार्टी की कमान संभालें।

इसी सोच में से 5 अप्रैल, 1980 को 3500 प्रतिनिधियों के मुम्बई सम्मेलन में जनता पार्टी से अलग एक नये दल के निर्माण की घोषणा की गयी। भारतीय जनसंघ से उसकी भिन्नता दिखाने के लिए भारतीय जनता पार्टी जैसा नया नाम अपनाया गया। जनसंघ के भगवे झंडे की जगह भगवे के साथ हरा रंग जोड़कर नया झंडा बनाया गया। यहां तक कि दीनदयाल उपाध्याय द्वारा प्रतिपादित एकात्म मानववाद की जगह गांधीवादी समाजवाद को नई पार्टी की अधिकृत विचारधारा घोषित किया गया। और नई पार्टी के सेकुलर चरित्र को प्रदर्शित करने के लिए कांग्रेस से आए सिकंदर बख्त को राष्ट्रीय महामंत्री बनाया गया।

जनता पार्टी से अलग होने के पश्चात 28-29 दिसम्बर को मुम्बई के बांद्रा-कुर्ला स्टेडियम में भारतीय जनता पार्टी का पहला अधिवेशन हुआ। पार्टी के संस्थापक अध्यक्ष अटल जी ने अपना भाषण शुरू किया-"अंधेरा छंटेगा, सूरज निकलेगा, कमल खिलेगा।" इतना सुनते ही पूरा मैदान तालियों की आवाज से गूंज उठा।

वाजपेयी जी का उस दिन का भाषण भारतीय जनता पार्टी के राजनैतिक भविष्य को भी इंगित करता है- भारतीय जनता पार्टी का अध्यक्ष पद अलंकार का विषय नहीं है। यह पद नहीं दायित्व है। प्रतिष्ठा नहीं, परीक्षा है। जिन परिस्थितियों में बीजेपी के गठन का निर्णय हुआ, मैं उसमें जाना नहीं चाहता। जनता पार्टी टूट गयी, पर हम जेपी के सपनों को टूटने नहीं देंगे। जेपी आदर्शों और मूल्यों का नाम है। हम राजनीति को मूल्यों पर करना चाहते हैं। इसे सिर्फ कुर्सी का खेल नहीं रखना चाहते।

संयुक्त राष्ट्र में पहली बार हिन्दी

राष्ट्रीय क्षितिज पर स्वच्छ छवि के साथ अजातशत्रु कहे जाने वाले कवि एवं पत्रकार, सरस्वती पुत्र अटल विहारी वाजपेयी, एक व्यक्ति का नाम नही है वरन वो तो राष्ट्रीय विचारधारा का नाम है। राष्ट्रहित एवं राष्ट्रभाषा हिन्दी के प्रबल पक्षधर अटल जी राजनेताओं में नैतिकता के प्रतीक हैं। अटल विहारी को हिन्दी पुत्र मानकर ग्वालियर के लोगों ने हिन्दी माता का मंदिर बनाया है। संयुक्त राष्ट्र संघ में हिन्दी में दिए गए उनके भाषण को हमेशा जिंदा रखने के लिए।

1992 में 'पद्मविभूषण' जैसी बड़ी उपाधि से अलंकृत अटल जी को 1992 में ही 'हिन्दी गौरव' के सम्मान से नवाजा गया। 04 अक्टूबर 1977 में संयुक्त राष्ट्र में महासभा के 32वें अधिवेशन में भारत के प्रतिनिधि के रूप में हिन्दी में भाषण देकर अन्तर्राष्ट्रीय समुदाय को भारत की 'राष्ट्रभाषा' की विशिष्टता से परिचित कराया। उस समय मोरारजी देसाई सरकार में विदेश मंत्री रहे वाजपेयी जी ने विदेश मंत्रालय के विरोध के बावजूद संयुक्त राष्ट्र में पहली बार हिन्दी में बोलने का ऐतिहासिक फैसला लिया था। 1998 से 2004 तक उनके मीडिया सलाहकार के रूप में पदस्थ अशोक टंडन इस सबंध में बताते हैं कि उस वक्त प्रधानमंत्री कार्यालय और विदेश मंत्रालय के अधिकारी इस पक्ष में नहीं थे कि वह बाहर जाकर हिन्दी में बोलें।

उनका तर्क था, हिन्दी वहां किसी को समझ में नहीं आती है। अटल जी ने कुछ कहा तो नहीं, पर अपनी बात पर मन-ही-मन अडिग थे। एक रात पहले उन्होंने हिन्दी में ही भाषण देने का फैसला कर अधिकारियों को चौंका दिया। चौंकने वाली बात भी थी। कहते हैं वह अपने निजी सचिव ब्रजेश मिश्रा की बात कभी नहीं टालते थे, लेकिन हिन्दी के मामले में उन्होंने किसी की सलाह नहीं मानी।

उनकी भाषा और दमदार आवाज में युवा होते भारत को पूरी दुनिया ने महसूस किया। अटल जी ही ऐसे पहले विदेश मंत्री थे, जिन्होंने संयुक्त राष्ट्र संघ में हिन्दी में भाषण देकर भारत को गौरवान्वित किया था और राष्ट्रीय भाषा हिन्दी का मान बढ़ाया था। उनके भाषण की तारीफ 12 देशों के राजनयिकों ने जब उनके कक्ष में आकर की तो हिन्दी का गौरवशाली इतिहास अपने इस बेटे पर नाज़ करने को बेताब हो उठा। उनके शब्दों में न केवल भारतीय परम्पराओं

का महान इतिहास झलक रहा था बल्कि यह भारत की विश्व को लेकर नैतिक ज़िम्मेदारियों के प्रति संकल्प की भी गवाही दे रहा था।

जिस संबंध में अपनी कविता के माध्यम से ही अटल जी कहते हैं-

गूँजी हिन्दी विश्व में,
स्वप्न हुआ साकार।
राष्ट्र संघ के मंच से,
हिन्दी का जयकार॥
हिन्दी का जयकार,
हिन्द हिन्दी में बोला।
देख स्वभाषा प्रेम,
विश्व अचरज से डोला॥

वहां से वापसी पर भारत की राजधानी में हिन्दी प्रेमी तत्कालीन केन्द्रीय मंत्री बाबू जगजीवन राम की अध्यक्षता में अटल जी का सम्मान किया गया। इस समारोह में वक्ताओं ने अटल जी की भूरि-भूरि प्रशंसा की। तब अंत में अटल जी ने कहा- 'हिन्दी की बात मत करो, हिन्दी में बात करो।' भारतेन्दु हरिश्चन्द्र की "निज भाषा उन्नति अहै " सब भाषा को मूलरूप में पूरी तरह विश्वास करने वाले अटल जी ने संयुक्त राष्ट्र संघ में अपने भाषण से भारतेन्दु जी की उक्ति को पूर्णतः चरितार्थ किया। उनके भाषण में निहित संदेश, उसकी सम्प्रेषणीयता एवं उसके स्तर ने भी सबको प्रभावित किया। भाषण में श्री वाजपेयी ने कहा-'मेरे विचार राष्ट्रों की शक्ति और महिमा के संदर्भ में नहीं हैं। मेरे लिए आम आदमी की गरिमा और मांग ज्यादा महत्त्वपूर्ण है। हमारी सफलताओं और असफलाओं को मापने का एक ही मापदण्ड होना चाहिए। हम हर आदमी, औरत और बच्चों, सभी लोगों के लिए सामाजिक न्याय और गरिमा के लिए काम कर रहे हैं। इसकी सफलता के लिए यह आवश्यक है कि संयुक्त राष्ट्र संघ मानवता की प्रभावी आवाज बने और राष्ट्रों के बीच अन्तर्संबंधों एवं सहयोग तथा सामूहिक कार्रवाई पर आधारित एक गतिशील मंच इसे बनाया जाए।'

उपरोक्त भाषण को पढ़कर यह आभास होता है कि यह किसी राजनेता का उबाऊ या उपदेशात्मक भाषण भर नहीं वरन् परिस्थितियों को देखते हुए बहुमुखी प्रतिभावान किसी कुशल नेता द्वारा एक अंतर्राष्ट्रीय मंच से दिया गया प्रभावी एवं मर्मस्पर्शी संदेश है।

संसद के प्रारंभिक काल में अक्सर अंग्रेजी में ही वार्तालाप और बहस हुआ करती थी। अटलजी हमेशा हिन्दी के पक्षधर रहे और हिन्दी को बढ़ावा

देने का कार्य करते रहे। वे हिन्दी बोलने में न तो कभी शर्म महसूस करते थे और न हिचकिचाते थे। उन्होंने देश ही नहीं अपितु विदेशों में भी हिन्दी का परचम लहराया।

1957 में संसद में पहली बार जब उन्होंने भाषण दिया तो वह हिन्दी में था। उन दिनों हिन्दी विरोधी आंदोलनों का दौर चरम पर था। खादी की धोती, कुर्ता और सदरी पहने वाजपेयीजी ने जब भाषण देना प्रारंभ किया तो विराधस्वरूप कई सदस्य सदन छोड़कर बाहर चले गये, किंतु उन्होंने बोलना जारी रखा।

वाजपेयी जी ने अंग्रेजी में न बोलने का संकल्प ले लिया था।

उन्हें हिन्दी से खास लगाव रहा है और प्रकृति के प्रति श्रद्धा रखने वाले 'छायावादी' कवियों में शुमार किया जाता है। गजल सम्राट स्वर्गीय जगजीत सिंह जी के साथ अटल जी ने 1999 और 2002 में 'नयी दिशा' और 'संवेदना' दो एलबम लॉन्च किये। हिन्दी में उनकी अनेकों कवितायें लोकप्रिय हुई यहाँ प्रस्तुत है, एक ऐसी ही कविता- **''आओ फिर से दिया जलायें''**

आओ फिर से दिया जलाएँ
भरी दुपहरी में अंधियारा
सूरज परछाई से हारा
अंतरतम का नेह निचोड़ें-
बुझी हुई बाती सुलगाएँ।
आओ फिर से दिया जलाएँ

हम पड़ाव को समझे मंज़िल
लक्ष्य हुआ आंखों से ओझल
वतर्मान के मोहजाल में-
आने वाला कल न भुलाएँ।
आओ फिर से दिया जलाएँ।

एक कार्यक्रम में लालकृष्ण आडवाणी
भैरोसिंह शेखावत के साथ अटल जी

अटल जी की पुस्तक विमोचन के मौके पर मंचासीन अतिथि

अटल जी की पुस्तक का विमोचन करते हुए सिंधवी जी एवम् अन्य

मतभेद रखो, मनभेद नहीं

वाजपेयी को प्रधानमंत्री पद से हटे एक दशक से ज्यादा हो गया लेकिन आज भी उन्हें 'महान संप्रेषणकर्ता' माना जाता है। संप्रेषण या लोगों से जुड़ने की कला ही शांति और सौहार्द का सार है, यह प्राचीन नियम ही संस्कृतियों और सभ्यताओं के विकास में सबसे अधिक मददगार रहा है। वाजपेयी राज के खास पहलू है: सहयोगियों और विरोधियों दोनों के प्रति आदर और सर्वानुमति से राजनीति, देश को राजमार्गों के जरिए और नदियों को जोड़कर संपर्क का व्यापक तंत्र कायम करके राजकाज, और उनके लक्ष्मण प्रमोद महाजन के प्रयास से दूरसंचार क्रांति के जरिए आम आदमी को मदद। उनके नजरिए का भारत ब्रह्मांड का ही प्रतिरूप है, जिसमें अनेक आकाशगंगाएं बिना किसी टकराव के निहित हैं और हर आकशगंगा में कई सौरमंडल हैं जिनके ग्रह प्राकृतिक नियमों के अनुरूप अपने-अपने केंद्र की परिक्रमा करते हैं. यह विभिन्न सांस्कृतिक और सामाजिक-राजनैतिक नजरिए के बौद्धिक नक्षत्र मंडलों का भी प्रतीक है, जिसे वे अपनी पितृ-तुल्य मौजूदगी में बड़े सहज भाव से लेते थे। कठोर होते हुए भी मृदुल, प्रतिपक्षी की आक्रामकता सहेजते हुए भी संबंधों में मैत्री की शालीनता, कठोर प्रहार करते हुए शब्द संयम और वाणी में सौम्यता, ऊंचाई होते हुए भी हरी दूब सी विनम्रता अटल जी को बस अटल जी बनानेवाले गुण हैं। बड़ी बात है कि उनका मन बड़ा है। उनका मनपसंद वाक्य अक्सर सुनने में आता है - 'मतभेद रखो मनभेद नहीं'।

युद्ध रोकने के हिमायती

देश में लालकिला सहित संसद तक पर आतंकवादी हमले पाकिस्तान समर्थित आतंकवादियों ने किए। अटल जी ने भरपूर ताकत से पाकिस्तान पर वार किए। ज्यादातर कूटनीतिक। वह लालकिले से भाषण भी देते रहे कि आतंकवाद और संवाद साथ-साथ नहीं चल सकता। सीमाओं पर सेना तैनात कर दी। समूचा देश लड़ने को तैयार था। पक्ष क्या प्रतिपक्ष क्या, सब एक थे। पाकिस्तान की घिग्घी बंध गई। पर यह अटल विहारी वाजपेयी ही थे कि सब कुछ हो जाने के बावजूद उन्हों ने युद्ध नहीं होने दिया। इस लिए कि वह युद्ध के विनाशकारी परिणामों से अवगत थे। उन की एक कविता याद आती है, जंग न होने देंगे। वह लिखते हैं :

हथियारों के ढेरों पर जिनका है डेरा,
मुँह में शांति, बगल में बम, धोखे का फेरा,
कफन बेचने वालों से कह दो चिल्लाकर,
दुनिया जान गई है उनका असली चेहरा।
कामयाब हों उनकी चालें, ढंग न होने देंगे।
जंग न होने देंगे।
हमें चाहिए शांति, जिन्दगी हमको प्यारी,
हमें चाहिए शांति, सृजन की है तैयारी,
हमने छेड़ी जंग भूख से, बीमारी से,
आगे आकर हाथ बंटाए दुनिया सारी।
हरी-भरी धरती को खूनी रंग न लेने देंगे।
जंग न होने देंगे।
भारत-पाकिस्तान पड़ोसी, साथ-साथ रहना है,
प्यार करें या वार करें, दोनों को ही सहना है,
तीन बार लड़ चुके लड़ाई, कितना महँगा सौदा,
रूसी बम हो या अमेरिकी, खून एक बहना है।
जो हम पर गुजरी बच्चों के संग न होने देंगे।
जंग न होने देंगे।

यह कविता लिखने के बावजूद अटल ने परमाणु परीक्षण तो करवा दिया पर युद्ध नहीं होने दिया। और अंततः उन्होंने शांति के कबूतर उड़ा दिए। सेनाएं बैरकों में लौट गईं। लेकिन कूट्नीतिक रूप से यह तो कर ही दिया कि तकरीबन दो तिहाई दुनिया ने पाकिस्तान को घोषित या अघोषित रूप से आतंकवादी देश मान लिया। सोचिए भला कि अगर खुदा न खास्ता तब पाकिस्तान से युद्ध छेड़ दिया होता वाजपेयी सरकार ने तो दुनिया की क्या सूरत होती? क्या तीसरा विश्वयुद्ध नहीं हो गया होता? और फिर पाकिस्तान कहीं परमाणु बम का इस्तेमाल कर ही देता तो मनुष्यता का क्या हुआ होता? दुनिया को युद्ध से बचाने के लिए तब अटल जी को शांति का नोबल पुरस्कार दिया जाना चाहिए था। क्यों कि तब पाकिस्तान ने सारी स्थितियां युद्ध के लिए निर्मित कर दी थीं।

13 दिसंबर, 2001 की सुबह पांच आतंकवादी संसद भवन परिसर में घुस गए. उन्होंने नौ लोगों को गोलियों से भून दिया और बाद में सुरक्षा बलों के हाथों मारे गए। संसद पर हमला देश की अस्मिता पर हमला था। तब लालकृष्ण आडवाणी और सेना प्रमुख जनरल सुंदरजी निर्णायक कार्रवाई के पक्ष में थे। लेकिन वाजपेयीजी की ''मीठा बोलो, डंडा उठाओ'' की नीति से भारी असर हुआ। यह वाजपेयी ही थे कि तमाम सारे चौतरफा दबाव के बावजूद उन्होंने युद्ध नहीं होने दिया। सीमाओं पर सेना तैनात कर कहते रहे कि अब आर या पार होगा, पर युद्ध को फिर भी रोक लिया। वाजपेयी जी के दौर में ही कश्मीर में पहले स्वतंत्र और निष्पक्ष चुनाव हुए जिससे पूरा माहौल ही बदल गया। यह काम कवि ह्रदय अटल विहारी वाजपेयी ही कर सकते थे, कोई और नहीं। हालांकि वह कहते रहे हैं कि

मेरी कविता जंग का ऐलान है,
पराजय की प्रस्तावना नहीं।
वह हारे हुए सिपाही का नैराश्य-निनाद नहीं,
जूझते योद्धा का जय-संकल्प है।
वह निराशा का स्वर नहीं,
आत्मविश्वास का जयघोष है।

लेकिन इस सब के बावजूद इस एक युद्ध को रोकने के लिए वाजपेयी जी की जिनती प्रशंसा की जाए कम है।

लोकसभा में पहली बार

टूट सकते हैं मगर हम झुक नहीं सकते।
सत्य का संघर्ष सत्ता से, न्याय लड़ता निरंकुशता से,
अंधेरे ने दी चुनौती है, किरण अंतिम अस्त होती है।
दीप निष्ठा का लिए निष्कंप, वज्र टूटे या उठे भूकंप,
यह बराबर का नहीं है युद्ध, हम निहत्थे, शत्रु हैं सन्नद्ध,
हर तरह के शस्त्र से है सज्ज, और पशुबल हो उठा निर्लज्ज।
किंतु फिर भी जूझने का प्रण, पुनः अंगद ने बढ़ाया चरण
प्राण-पण से करेंगे प्रतिकार, समर्पण की मांग अस्वीकार।
दांव पर सबकुछ लगा है, रुक नहीं सकते।
टूट सकते हैं मगर हम झुक नहीं सकते।

अटल जी ने अपनी इस कविता द्वारा अपनी आगे की रणनीति की घोषणा कर दी। डॉ. मुखर्जी को दिवगंत हुए तीन वर्ष से अधिक हो चुके थे। उन्होंने उनके अधूरे पड़े कार्यों को करने का बीड़ा उठाया था। अब तक जनसंघ की जड़ें जम चुकी थीं। यह परिणाम था अटल जी के समर्पण और संघर्ष का।

सन् 1957 चल रहा था। यह वर्ष देश में आम चुनाव का वर्ष था। दूसरा आम चुनाव सिर पर था। अटल जी की ख्याति से प्रभावित होकर जनसंघ ने उन्हें चुनाव में उतारने का मन बना लिया था।

द्वितीय आम चुनाव

इस दूसरे लोक सभा चुनाव की चर्चा और उसके बाद लोकसभा में अटल जी की उपस्थिति और गतिविधियों का वर्णन स्वयं अटल जी के शब्दों में प्रस्तुत करना अधिक समीचीन होगा। अटल जी के शब्दों में -

"वह 1957 का साल था। लोक सभा का दूसरा आम चुनाव होने जा रहा था। पार्टी (भारतीय जनसंघ) जड़ें जमाने में लगी थी। डॉ. श्यामाप्रसाद मुखर्जी की छत्रछाया उठ चुकी थी। न ख्यातनाम नेतृत्व था, न विस्तृत जनाधार। चुनाव लड़ने के लिए उम्मीदवार मिलना भी मुश्किल था। कौन गांठ से खर्च कर जमानत जब्त कराए। फिर भी चुनाव तो लड़ना ही था। पार्टी के संदेश को अधिकाधिक लोगों तक पहुंचाने का इससे अच्छा अवसर कब आएगा?

मुझे तीन चुनाव-क्षेत्रों से लड़ाने का फैसला किया गया। एक लखनऊ, दूसरा मथुरा और तीसरा बलरामपुर। लखनऊ से मैं पहले लोकसभा का उपचुनाव लड़ चुका था। जीतने का तो सवाल ही नहीं था। हां, वोट अच्छे मिले थे। पार्टी का हौसला बढ़ा था। लखनऊ से फिर से लड़ने का तय हुआ। मथुरा में कोई ढंग का उम्मीदवार नहीं मिल रहा था। जिन्हें ठीक-ठाक कर मुश्किल से लड़ने को तैयार भी किया गया, वे सब विधान सभा चुनाव लड़ना चाहते थे। एक खर्चा कम था; दूसरे, जमानत बचने की आशा थी, किंतु लोकसभा के लिए उपयुक्त उम्मीदवार उपलब्ध नहीं था। मुझ पर नज़र पड़ी। थोड़ा-बहुत नाम हो गया था। भाषण सुनने लोग आने लगे थे। क्यों न मुझे लड़ा दिया जाए? मेरे नाम पर चुनाव लड़ने-भर के लिए धन भी इकट्ठा हो जाएगा।

जहां तक बलरामपुर में लड़ने का सवाल है, वहां पार्टी की स्थिति अपेक्षाकृत अच्छी थी। स्वर्गीय प्रताप नारायण तिवारी ने पहले राष्ट्रीय स्वयंसेवक संघ के पूर्णकालिक प्रचारक के रूप में और बाद में भारतीय जनसंघ के पूर्णकालिक कार्यकर्ता के नाते बलरामपुर क्षेत्र में अच्छा संगठन खड़ा किया था। नौजवान, किसान, कर्मचारी, अध्यापक, दुकानदार काफी संख्या में पार्टी से जुड़े थे। पार्टी की दृष्टि में बलरामपुर से जीतने की संभावना थी। मैं लखनऊ और मथुरा में नामांकन पत्र दाखिल करके बलरामपुर पहुंचा।

इससे पहले मैं बलरामपुर कभी नहीं गया था। न मुझे उसके भूगोल का ज्ञान था, न इतिहास का। गोंडा से गोरखपुर के लिए जो छोटी लाइन जाती थी, बलरामपुर का स्टेशन उसी पर स्थित था। रेलगाड़ी आधी रात को गोंडा से चलती थी और ब्रह्म मुहूर्त में बलरामपुर पहुंचती थी। मैं छोटी लाइन से सुपरिचित था। ग्वालियर और भिंड के बीच तो और भी छोटी लाइन थी। गाड़ियां आराम से चलती थीं और पहुंचने में काफी समय लेती थीं। उसी टिकट पर, उन्हीं पैसों में, लम्बी यात्रा का आनन्द मिलता था। मैं गोंडा में गाड़ी में चढ़ा और संकरी-सी बर्थ पर बिस्तर बिछाकर सो गया। आंख खुली तो गाड़ी

एक स्टेशन पर खड़ी थी। खिड़की खोलकर देखा तो सैकड़ों कौए स्टेशन पर लगे पेड़ों पर बैठे कांव-कांव कर रहे थे। सारा आकाश गूंज रहा था। मैंने पूछा – "यह कौन-सा स्टेशन है?" उत्तर मिला – "कौवापुर।"

कौवापुर और इंटिआथोक के बीच में स्थित बलरामपुर स्टेशन नेपाल जाने वाले यात्रियों के लिए विश्रामस्थल का काम करता है। नगर घाघरा के किनारे पर बसा है। बलरामपुरा एक छोटी सी रियासत थी। 1947 में उत्तरप्रदेश का अंग बनी। भारतीय जनसंघ के रूप में लोगों को कांग्रेस का एक नया विकल्प मिला। लोग आकृष्ट हुए। जनसंघ की राष्ट्रवादी विचारधारा ने उसे प्रभावित किया। राजतंत्र समाप्त हो गया था, किंतु ज़मीदारी कायम थी। काफी ज़मींदार मुसलमान थे, जो आर्थिक उत्पीड़न के साथ धार्मिक भेदभाव भी करते थे। अपने चुनाव-दौरे में मुझे अनेक ऐसे क्षेत्र मिले, जहां घड़ियाल और शंख बजाना मना था। स्वतंत्रता के बाद इस स्थिति में परिवर्तन हुआ था, किंतु परिवर्तन की लहर दूरदराज के क्षेत्रों तक नहीं पहुंची थी। ज़मीदारों से आतंकित छोटे और मझोले किसान भारतीय जनसंघ के साथ जुड़े। नतीजा यह हुआ कि मैं बलरामपुर से लोकसभा के लिए निर्वाचित कर लिया गया। वहां कुल 4,82,800 मतदाता थे, जिनमें से 2,26,948 मतदाताओं ने मताधिकार का उपयोग किया। मुझे 1,18,380 मत मिले। कांग्रेस के श्री हैदर हुसैन लगभग 10,000 मतों से चुनाव हार गए। यदि कांग्रेस का उम्मीदवार हिन्दू होता, तो शायद मैं चुनाव न जीत पाता। श्री हैदर हुसैन लखनऊ के नामी वकील थे, लेकिन उनके लिए बलरामपुर में लोगों से सम्पर्क बनाए रखना सरल नहीं था। वे कांग्रेस के बल पर चुनाव जीतते थे। कांग्रेस-विरोधी भावना बढ़ रही थी। अतः मुझे चुनाव में सफलता मिली।

हालांकि, मुझे दो अन्य चुनाव-क्षेत्रों में भारी पराजय का सामना करना पड़ा। मथुरा में तो मेरी जमानत जब्त हो गई। ऐन वक्त पर कांग्रेस को हराने के लिए भारतीय जनसंघ के समर्थक भी निर्दलीय उम्मीदवार राजा महेन्द्र प्रताप के साथ चले गए। राजा साहब के लिए लोगों के दिल में बड़ा आदर था। वे स्वतंत्रता के संघर्ष में भाग ले चुके थे। विदेश में गठित स्वतंत्र भारत की सरकार के प्रथम राष्ट्रपति रह चुके थे। उनके द्वारा स्थापित 'प्रेम आश्रम' शिक्षा के क्षेत्र में अच्छा काम कर रहा था। वे कांग्रेस-विरोधी भावना का भरपूर लाभ उठाने में सफल हुए। उनका जाट होना भी उनके लिए सहायक बना। मुझे यह अफसोस जरूर रहा कि पार्टी की स्थानीय इकाई को या तो मुझे वहां से लड़ने

के लिए विवश नहीं करना चाहिए था और जब मैदान में उतार ही दिया था, तो फिर सभी वोट मेरे पक्ष में डलवाने के बारे में दृढ़ रहना चाहिए था। गैरकांग्रेसवाद की लहर में पार्टी के कट्टर समर्थकों का बह जाना उचित नहीं कहा जा सकता।

लखनऊ में पार्टी को अच्छा जनसमर्थन मिला। कांग्रेस के विजयी उम्मीदवार श्री पुलिन बिहारी बैनर्जी को 69,519 वोट मिले, जबकि मेरे मतों की संख्या 57,034 थी। यदि कम्यूनिस्ट उम्मीदवार कुछ अधिक वोट ले जाते, तो कांगेस को हराया जा सकता थ। ऐसा लगता है कि जनसंघ को हराने के लिए वामपंथ की ओर झुकाव रखने वाले मतदाताओं ने भी कांग्रेस के पक्ष में वोट दिया।

1957 में लोक सभा के चुनाव में मुझे मिलाकर जनसंघ के 4 सदस्य चुने गए थे। पार्टी को हरदोई से सुरक्षित सीट पर विजय प्राप्त हुई थी। दो अन्य सदस्य श्री उत्तम राव पाटिल और श्री प्रेम जी भाई आसर महाराष्ट्र से चुने गए थे। महाराष्ट्र में विपक्षी दल संयुक्त महाराष्ट्र के निर्माण के लिए संयुक्त संघर्ष कर रहे थे। जनसंघ उस संघर्ष में शामिल था। चुनाव भी संयुक्त रूप से लड़ने का तय हुआ था। श्री उत्तम राव पाटिल धूलिया से और प्रेम जी भाई आसर रत्नागिरि से चुने गए थे। श्री पाटिल एडवोकेट थे और श्री प्रेम जी भाई आसर व्यापारी। इस तरह जनसंघ के चारों सदस्य, एक दृष्टि से पूरे समाज का प्रतिनिधित्व करते थे।

1957 के प्रारम्भ में यह आशंका थी कि चुनाव समय पर होंगे या नहीं? एक वर्ष पहले राज्यों का पुनर्गठन हुआ था, भाषावार राज्य बने थे। कई क्षेत्रों में अशांति का वातावरण था, किंतु चुनाव समय पर हुए। लगभग 20 करोड़ मतदाताओं ने चुनाव में भाग लिया। लोकसभा के साथ विधानसभा के भी चुनाव हुए। कांग्रेस को 47.8 प्रतिशत वोट मिले और उसकी सदस्य-संख्या में पिछले चुनाव की तुलना में 7 की वृद्धि हुई। भारत की कम्युनिस्ट पार्टी को 8.9 प्रतिशत वोट मिले और उसकी सदस्य संख्या 16 से बढ़कर 27 हो गई। प्रजा समाजवादी दल को कम्युनिस्ट पार्टी की तुलना में अधिक वोट मिले, किंतु वह 19 स्थानों पर ही विजय प्राप्त कर सकी। भारतीय जनसंघ अपनी अखिल भारतीय मान्यता बनाए रखने में सफल रहा। अनेक दल अपनी मान्यता खो बैठे। हिन्दू महासभा, परिगणित जाति फेडरेशन तथा राम राज्य परिषद् 3 प्रतिशत वोट न मिलने के कारण अपनी मान्यता कायम नहीं रख सके। भारतीय जनसंघ

6 प्रतिशत वोट प्राप्त करने में सफल हुआ था। हिन्दू महासभा के अध्यक्ष श्री निर्मलचंद चटर्जी और जनरल सेक्रेटरी श्री विष्णु घनश्याम देशपांडे चुनाव हार गए। उड़ीसा में गणतंत्र परिषद् का प्रादुर्भाव हुआ। तमिलनाडु (मद्रास) में द्रविड़ मुनेत्र कड़गम का उदय एक महत्त्वपूर्ण घटना थी। बम्बई प्रदेश को पुनर्गठित कर पृथक महाराष्ट्र की माँग करने वाली संयुक्त महाराष्ट्र समिति और पृथक गुजरात के लिए संघर्षरत महागुजरात परिषद् ने लोकसभा के चुनाव में महत्त्वपूर्ण सफलता प्राप्त की।

चुनाव के बाद श्री जवाहरलाल नेहरू के नेतृत्व में जो मंत्रिमंडल बना उसमें मौलाना अबुल कलाम आज़ाद, श्री गोविन्दवल्लभ पंत, श्री मोरार जी देसाई तथा श्री जगजीवनराम जैसे मूर्धन्य नेता शामिल थे। श्री कृष्ण मेनन भी बिना विभाग के मंत्री थे। प्रतिपक्ष में आचार्य कृपलानी, श्रीपाद अमृत डांगे, श्री नारायण गणेश गोरे, प्रो. हीरेन मुखर्जी तथा श्री मीनू मसानी जैसे कुशल सांसद तथा राजनेता उपस्थित थे। श्रीमती विजया राजे सिंधिया, जो आज लोकसभा में प्रतिपक्ष की प्रथम पंक्ति में विराजमान हैं, उन दिनों कांग्रेस में थीं। उनके अलावा श्रीमती सुचेता कृपलानी, कु. पार्वती कृष्णन्, श्रीमती तारकेश्वरी सिन्हा सदन में बड़ी सक्रिय थीं और चर्चा में महत्त्वपूर्ण योगदान देती थीं।

भारतीय जनसंघ के हम चारों सदस्य संसद में पहली बार आए थे। हममें से कोई विधानसभा का भी सदस्य नहीं था। विधायी कार्य के लिए सर्वथा नए थे। न कोई पूर्व अनुभव था, न कोई अनुभवी सदस्य ही सहायता के लिए उपलब्ध था। संख्या कम होने के कारण सभी सदस्यों को सदन में पिछली बेंचों पर स्थान मिले थे। लोकसभा अध्यक्ष की नज़र खींचना टेढ़ा काम था। विभिन्न विषयों पर चर्चा में समय पार्टियों के संख्या-बल के अनुसार मिलता है। छोटे दलों के सदस्यों को बोलने के लिए पहले भी समय नहीं मिलता था, अब भी नहीं मिलता।

विदेश नीति मेरा प्रिय विषय रहा है। अंतर्राष्ट्रीय स्थिति पर चर्चा उन दिनों महत्त्वपूर्ण घटना होती थी। प्रधानमंत्री नेहरू जी विदेशमंत्री भी थे। जब विदेश मंत्रालय के अनुदानों की माँगों पर चर्चा होती, तो सदन खचाखच भर जाता। दर्शक-दीर्घा में भारी भीड़ जुटती। कूटनीतिज्ञों के कक्ष में बैठने की जगह न रहती। प्रमुख विरोधी दल के नाते कम्युनिस्ट नेता अन्तर्राष्ट्रीय परिस्थिति और उसके संबंध में भारत की नीति पर चर्चा आरम्भ करते। प्रजा समाजवादी दल भी अपनी बात कहता, किंतु भारतीय जनसंघ के लिए बोलने का समय पाने

में बड़ी कठिनाई होती। पार्टी के हिस्से में मुश्किल से दो-चार मिनट आते। बहस लम्बी खिंच जाती। प्रधानमंत्री द्वारा बहस का उत्तर दिए जाने का समय निश्चित होता।

एक बार तो समय न मिलने के कारण मुझे विरोधस्वरूप सदन-त्याग करना पड़ा था। फिर भी जो समय मिलता उसका जनसंघ सदस्य पूरा लाभ उठाने का प्रयास करते।

विदेश नीति पर मेरे पहले भाषण ने ही सदन का ध्यान आकृष्ट किया था। सदन में अंग्रेजी छाई रहती थी। विदेश नीति पर, तो अधिकांश भाषण अंग्रेजी में ही होते थे। समाजवादी दल के श्री बृजराजसिंह जरूर हिन्दी में बोलते थे। मेरी प्रांजल भाषा और धाराप्रवाह शैली सदस्यों को पसंद आती थी। 20 अगस्त, 1958 को प्रधानमंत्री श्री नेहरू जी ने पूरी बहस का उत्तर देते हुए अंग्रेजी भाषण को समाप्त करने के बाद अध्यक्ष से हिन्दी में कुछ कहने की अनुमति माँगी। सदस्यों ने तालियाँ बजाकर उनका स्वागत किया। जब नेहरू जी ने मेरा नाम लेकर हिन्दी बोलना शुरू किया, तो पुनः सदस्यों ने प्रसन्नता प्रकट की। नेहरू जी का भाषण इस प्रकार था-

कल जो बहुत-से भाषण हुए उनमें से एक भाषण श्री वाजपेयी जी का भी हुआ। अपने भाषण में उन्होंने एक बात कही थी और यह कहा था- मेरे ख्याल में कि जो हमारी वैदेशिक नीति है, वह उनकी राय में सही है। मैं उनका मशकूर हूँ कि उन्होंने यह बात कही। एक बात उन्होंने और भी कही कि बोलने के लिए वाणी होनी चाहिए, लेकिन चुप रहने के लिए वाणी और विवेक दोनों चाहिए। इस बात से मैं पूरी तरह से सहमत हूँ। आप यह तो जानते हैं कि दूसरी महफिलों में यह बात चल सकती है और खाली दुनिया की महफिलों में यह नहीं चल सकती। कम-से-कम जहाँ तक हमारी वैदेशिक नीति का संबंध है, कभी-कभी हम जोश में आ सकते हैं और कभी धोखा भी हो सकता है, लेकिन मेरी इच्छा यही रही है कि हम कम-से-कम बोलें, कम-से-कम दखल दें। फिर भी मुश्किल यही है कि जब हम नहीं बोलते, तो और साहिबान कहते हैं कि तुम तो ठंडे हो गए हो, तुम डर गए हो। श्री खाडिलकर साहब ने कहा कि औरों के हाथों में तुमने लगाम दे दी है, तुम्हें घुड़सवारी खुद ही करनी चाहिए। मैं बिल्कुल समहत हूँ और मैंने एक बार कहा भी था, शायद यहीं कहा था या कहीं और कहा था कि कुछ दिन के लिए

जो फॉरेन सेक्रेटरी वगैरह दुनिया के हैं, कोई छः महीने के लिए चुप हो जाएँ, तो दुनिया का बहुत भला होगा, दुनिया का बहुत कल्याण होगा, किसी को कोई हानि नहीं होगी। एक बात श्री वाजपेयी ने कही थी और कुछ आचार्य कृपलानी जी ने भी इसकी चर्चा की थी कि वह जो शिखर सम्मेलन की चर्चा हुई और उसका जो जवाब हमने जल्दी दिया, उससे कुछ लोगों पर यह असर हुआ कि हम बहुत लालायित थे, उसमें जाने के लिए, उसमें भाग लेने के लिए। मैं बतलाना चाहता हूँ कि वाकयात क्या हुए। हमने बार-बार कहा और कई वर्षों से हमारी यही नीति चली आ रही है कि हमें अगर किसी कान्फ्रेंस में कहीं बुलाया जाए, तो हमारी कोई खास इच्छा नहीं होती है उसमें जाने की, लेकिन अगर हमारे जाने से कुछ लाभ की आशा हो, अगर लोग हमें बुलाएँ, सब लोग करीब-करीब तो हम जाने को तैयार हैं। हो सकता है कि हमारे जाने से कोई लाभ न हो, लेकिन इन्कार करना भी शोभा नहीं देता। कोरिया के मामले में तथा इंडोचीन के मामले में हम इसलिए फँसे और हमारे लिए 'न' कहना नामुमकिन हो गया था और 'न' कहना खास तौर पर इसलिए भी मुश्किल हो गया था कि सब लोगों ने मिलकर कहा कि तुम जाओ। दूसरा कोई देश इस काम के लिए तैयार नहीं था या मौज़ूँ नहीं था। मौज़ूँ से मेरा मतलब यह नहीं कि यह मुल्क ही सबसे अच्छा है, लेकिन हम उन सब बहुत कम मुल्कों में से हैं, जिन पर थोड़ा-बहुत भरोसा दोनों पक्ष करते हैं, तो इस तरह की चीज हो जाती है इसलिए हम कोरिया गए इसलिए हम इंडोचीन गए।''

संसद में भाषण

भाषण कला में शुरू से ही अटल जी का कोई सानी नहीं रहा। यही भाषण कौशल लोकसभा में भी देखने को मिलता रहा है। तत्कालीन प्रधानमंत्री जवाहरलाल नेहरू व अन्य सांसदगण उनके भाषणों को गौर से सुनते थे और यह प्रयास करते थे कि जब उनका भाषण हो तो वे सदन में मौजूद रहें। अंतर्राष्ट्रीय मामलों पर अटल जी के तर्कपूर्ण और विश्लेषणात्मक भाषणों को सुन अधिसंख्य सदस्य उनकी सराहना करते थे और उन्हें गंभीरता से लेते थे। लोकसभा में अटल जी को मिलाकर जनसंघ के केवल चार ही सांसद थे, लेकिन उनकी मुखर अभिव्यक्ति चार सौ की संख्या को भी मात देने में सक्षम थी। उनके कुछ प्रमुख भाषण पाठक अवश्य पढ़ना चाहेंगे।

कश्मीर समस्या

"डॉ. मुखर्जी का स्मरण आते ही मुझे कश्मीर का स्मरण हो आता है, और कश्मीर का स्मरण आते ही मुझे श्रीनगर के उस सरकारी अस्पताल का स्मरण आता है, जिसमें एक कोने में, पुलिस के पहरे में, डॉ. मुखर्जी को एकता के लिए अपना बलिदान देना पड़ा था। उनकी मृत्यु को चार वर्ष हो गए; किंतु उस पर जो रहस्य का पर्दा पड़ा था, वह अभी भी उठाया नहीं गया। समय के सहलाने वाले हाथों ने घाव को भर दिया है, मगर दर्द अभी बाकी है। जब कभी प्रधानमंत्री महोदय या रक्षामंत्री महोदय कश्मीर-समस्या के संबंध में आजकल वहीं बातें दुहराते हैं, जिन्हें स्वर्गीय डॉ. श्यामाप्रसाद मुखर्जी चार वर्ष पूर्व इस सदन में खड़े होकर कहते थे, तो मुझे लगता है कि यदि प्रारम्भ से ही कश्मीर के प्रश्न पर यही नीति अपनाई गई होती, तो हमको डॉ. श्यामाप्रसाद मुखर्जी के महान जीवन की कीमत न चुकानी पड़ती।" (15 मई, 1957)

पंचवर्षीय योजना

"अध्यक्ष महोदय! योजना के लिए जनता में जो उत्साह नहीं है, उसका एक बड़ा कारण यह भी है कि इस योजना को पार्टी के आधार पर चलाया जा रहा है। यह राष्ट्रीय नियोजन नहीं है।

योजना के संबंध में मेरी आधारभूत आपत्ति यह है कि हमारी योजना पूँजी प्रधान है, जबकि वह श्रम-प्रधान होनी चाहिए। जनबल हमारी सबसे बड़ी पूँजी है, किंतु खेद का विषय है कि योजना ऐसी बनाई गई है, जिसमें जनबल पर कम ध्यान दिया गया है और पूँजी पर अधिक ज़ोर दिया गया है।

मैंने चुनावों के दिनों में देखा है कि देवरिया जिले में एक स्थान पर केवल उन्हीं लोगों को सरकारी गल्ले की दुकानों पर अनाज मिलता था, जो कांग्रेस के मंत्री से बैल वाली जोड़ी (चुनाव चिह्न) की पर्ची लेकर जाते थे। दुकानें कहाँ होनी चाहिए, इसका भी पार्टी की दृष्टि से विचार किया जाता है और वितरण की व्यवस्था ठीक नहीं होती है।" (30 मई, 1957)

दहेज समस्या

6 मई, 1961 को लोकसभा और राज्यसभा की संयुक्त बैठक हुई, जिसमें गंभीर रूप लेती दहेज समस्या को जड़ से खत्म करने के लिए कड़े कानून

बनाने की पैरवी की गई। इस अवसर पर अटल जी ने कहा- "आवश्यकता इस बात की है कि देश की आर्थिक प्रगति की जाए, शिक्षा का प्रसार किया जाए, जाति-पाँति के बंधन तोड़े जाएँ और लड़के-लड़कियाँ उन्मुक्त भाव से विवाह करें, शादियाँ परमात्मा के यहाँ नहीं, आपस में तय हों, तभी दहेज खत्म हो सकता है।"

पाकिस्तान नीति

"मैं अपनी सरकार से कहना चाहता हूँ कि हमारे देश की पूर्वी सीमा पर जो सीमा-उल्लंघन की घटनाएँ हो रही हैं; पाकिस्तानी सैनिक हमारी सीमा में घुस आते हैं; रात-दिन गोली-वर्षा करते हैं, ये घटनाएँ गम्भीर दृष्टि से देखी जानी चाहिए। उन्हें हमारे देश की एक-एक इंच भूमि को खाली करना चाहिए और यह आवश्वासन देना चाहिए कि वे सचमुच पूर्वी सीमा पर शांति चाहते हैं। मुझे तो कभी-कभी ऐसा लगता है कि हम पाकिस्तान से उस भाषा में बात नहीं करते, जिस भाषा को वह समझता है। हम ऐसी भाषा में बोलते हैं, जो हमारी दृष्टि से तो शायद ठीक हो, लेकिन पाकिस्तान की समझ में नहीं आती।" (19 अगस्त, 1958)

जीवन की शांति

"प्रधानमंत्री जी ने कुछ दिन पहले कहा था कि यदि दो बातें मान ली जाएँ- एक, पाकिस्तान आक्रमणकारी है और नम्बर दो, कश्मीर का एक-तिहाई भू-भाग भारत का है, तो हम पाकिस्तान से बात करने के लिए तैयार हैं। यदि ये दोनों बातें मान ली गई तो फिर बात करने के लिए कुछ भी बाकी नहीं रहेगा। अगर बात कोई हो सकती है, तो यही कि पाकिस्तान से पूछा जाना चाहिए कि वह कश्मीर के एक-तिहाई भू-भाग से अपना बिस्तर-बोरिया बाँधकर कब जाने की तैयारी कर रहा है? लेकिन ऐसे चिह्न नहीं दिखाई देते कि पाकिस्तान मान जाएगा। जो भू-भाग पाकिस्तान के पास है, उसके मिलने की बात तो दूर रही, जो हिस्सा भारत में मिला है, आज वह उसी पर दाँत लगाए है। पाकिस्तान युद्ध की तैयारियाँ कर रहा है। अमरीकी हथियारों से सज्ज होकर भारत की स्वतंत्रता और सुरक्षा के लिए संकट का कारण बन रहा है। मैं युद्ध का हामी नहीं; मैं भी शांति का समर्थक हूँ; किंतु मरघट की शांति नहीं, जीवन की शांति का समर्थक हूँ।"

हार नहीं मानूंगा

विपदाएं आती हैं आएं, हम न रुकेंगे, हम न रुकेंगे।
आघातों की क्या चिंता है? हम न झुकेंगे, हम न झुकेंगे।
छुईमुई के पेड़ नहीं जो छूते ही मुरझा जाएंगे।
क्या तड़ितघातों से नभ के ज्योतित तारे बुझ पाएंगे?

तारों की ज्योति अक्षुण्ण होती है, उसे कोई बुझा नहीं सकता, क्योंकि उसमें स्वयं की आभा होती है। वे किसी से प्राप्त रोशनी के मोहताज नहीं होते। अटल जी भी भारतीय राजनीति के ऐसे ही सितारे हैं, जो अपनी रोशनी आप हैं और उनकी रोशनी राष्ट्र की पथ-प्रदर्शक है। 1962 के आम चुनाव से हारकर अटल जी चुप बैठने वालों में से नहीं थे। वे राज्यसभा में गए और वहां रहकर सक्रिय व सयंत राजनीति की। चौथे आमचुनाव के बारे में उन्होंने अपनी पुस्तक 'संसद में चार दशक' में जो कुछ लिखा, उन्हीं के शब्दों में -

''मैंने अपने चुनाव-क्षेत्र की पूरी चिंता की थी। मतदाताओं से निकट सम्पर्क रखा था। बलरामपुर का नाम उजागर किया था, किंतु हारने के बाद मैंने निश्चय किया कि अब मैं बलरामपुर से अधिक सम्पर्क नहीं रखूंगा। मैं कांग्रेस उम्मीदवार को काम करने का पूरा अवसर देना चाहता था, लेकिन मैं वहां से पुनः चुनाव लड़ने के लिए दृढ़प्रतिज्ञ था।

मुझे अपनी हार का बदला लेना था। अगले आम चुनाव के पहले कांग्रेस के कतिपय वरिष्ठ नेताओं ने मुझसे कहा कि मैं बलरामपुर सीट छोड़ दूं और कहीं दूसरे क्षेत्र से चुनाव लड़ लूं। उनका यह तर्क था कि मैं तो और कहीं से भी चुनाव जीत सकता हूं, किंतु बलरामपुर से विजयी कांग्रेस उम्मीदवार के लिए क्षेत्र छोड़ना अप्रतिष्ठाकारक होगा। मैंने उनके सुझाव को स्वीकार नहीं किया। मैं बलरामपुर से पुनः लड़ा और विजयी हुआ। मैं 31 हजार से भी अधिक मतों से जीता। मुझे 1,42,446 मत मिले, जबकि कांग्रेस के उम्मीदवार

को 1,10,704 वोट प्राप्त हुए। मेरे साथ विधान सभा के भी 4 उम्मीदवार विजयी हुए।

अटल जी पुनः लोकसभा में शोभायमान हुए। यहां रहकर उन्होंने अनेक राष्ट्रीय और अंतर्राष्ट्रीय मुद्दों को उठाया और ओजपूर्ण भ्ज्ञषण दिए। उनके कुछ महत्वपूर्ण भाषणों को यहां देना प्रासंगिक होगा।

कश्मीर में धारा 370

"जम्मू-कश्मीर भारत का अभिन्न अंग है, लेकिन जम्मू-कश्मीर का संविधान अभी तक अलग है। जम्मू-कश्मीर भारत का अटूट भाग है, लेकिन जम्मू-कश्मीर की नागरिकता प्रथक है। कश्मीर को हम भारत माता का किरीट कहते है। मुकुटमणि कहते हैं, लेकिन कश्मीर राज्य का झण्डा अलग है। इसका क्या कारण है?

भारत का संविधान जब शेष राज्यों के लिए उपयुक्त है, तो क्या वह जम्मू-कश्मीर के लिए उपयुक्त नहीं है? हमारा तिरंगा सारे देश का प्यारा और सबकी आंखों का तारा है, लेकिन तिरंगे के साथ कश्मीर ने अपना अलग झण्डा बनाया हुआ है। जब सभी देशी रियासतों के झण्डे अतीत के गर्भ में विलीन हो गए, तो केवल जम्मू-कश्मीर का अलग झण्डा रहे, इसका कोई कारण, औचित्य नहीं है।

मैं सदन का ध्यान खींचना चाहता हूं कि धारा 370 'टेम्पॉरेरी और ट्रांजिशनल प्रॉविजन के अंतर्गत है। स्पष्ट है कि यह धारा अस्थायी है, अंर्तकालीन है। यह भारतीय संविधान का स्थायी अंग नहीं बन सकती।

जम्मू-कश्मीर और शेष भारत के बीच में आज एक मनोवैज्ञानिक दीवार खड़ी है। यह दीवार जम्मू-कश्मीर में अस्थिरता की स्थिति उत्पन्न करती है। यह दीवार भारत-विरोधी तत्त्वों की गतिविधियों को बल प्रदान करती है। यह दीवार एकीकरण के मार्ग में बाधा है। समय आ गया है कि अब यह मनोवैज्ञानिक रुकावट दूर कर दी जाए और जम्मू-कश्मीर अन्य राज्यों की तरह भारतीय गणराज्य में आदर और बराबरी की स्थान प्राप्त करें।"

पं. दीनदयाल उपाध्याय का निधन

सादा जीवन, उच्च विचार और व्यवहार में सरलता के धनी पं. दीनदयाल उपाध्याय का जन्म अपने नाना पं. चुन्नीलाल जी के घर धनकिया (राजस्थान)

में अश्विन कृष्ण त्रयोदशी सोमवार संवत् 1973, तद्नुसार 25 सितम्बर, 1916 को हुआ। नाना धनकिया के स्टेशन मास्टर थे। इनके पिता का नाम पं. भगवती प्रसाद उपाध्याय और माता का नाम श्रीमती रामप्यारी था। पं. भगवती प्रसाद जी 'जलेसर रोड' स्टेशन के स्टेशन मास्टर थे। वैसे मूलतः वे भगवान् कृष्ण की पावन जन्मभूमि मथुरा ज़िले के फराह नामक गांव के रहने वाले थे। उनकी शिक्षा-दीक्षा राजस्थान और उत्तरप्रदेश में हुई। वे आजन्म ब्रह्मचारी रहे।

डॉ. श्यामाप्रसाद मुखर्जी की कश्मीर में रहस्मयमय मृत्यु के बाद सर्व श्री प्रेमनाथ डोगरा, मौलिचन्द्र शर्मा, बच्छराज व्यास, पीताम्बर दास, डॉ. रघुवीर, ए. रामाराव, बलराज मधोक आदि ने जनसंघ के अध्यक्ष पद के रूप में कार्य किया। दिसम्बर, 1967 में जनसंघ के 14 वें अधिवेशन के अवसर पर पं. दीनदयाल उपाध्याय को इसका अध्यक्ष बनाया गया। आपके नेतृत्व में संघ एक नई चेतना के साथ आगे बढ़ने लगा। अटल जी के साथ - राष्ट्रधर्म, पांचजन्य और स्वदेश में आपने कंधे-से-कंधा मिलाकर कार्य किया।

वे बोलते कम थे, सुनते अधिक थे। अतिश्योक्ति और प्रचार में उनकी रुचि नहीं थी। वे समन्वयवादी थे, समझौतावादी थे; किंतु सिद्धांतों से गिरकर या परिस्थिति से पराजित होकर उन्होंने न समझौता किया, न समन्वय। जनसंघ को नवपथ की ओर अग्रसर कर राजनीति के विशाल प्रांगण में खड़े कर देने का साहस और जीवन केवल दीनदयाल जी में ही था।

इस मुखर राष्ट्र भक्त की रात्रि के अंधकार में चलती गाड़ी में क्रूरतापूर्वक हत्या कर दी गई। 11 फरवरी, 1968 को सभी भारतवासियों ने यह दुखद समाचार सुना कि पं. दीनदयाल जी का शव मुग़लसराय स्टेशन के निकट पड़ा पाया गया। भारत का जनमानस हिल गया। कण-कण आवाक् रह गया। भारत शोक-सागर में डूब गया।

अटल जी पर मानो वज्रपात हुआ। 12 फरवरी, 1968 को पं. दीनदयाल जी को श्रद्धासुमन अर्पित करते हुए संसद में उन्होंने कुछ यूं उद्गार व्यक्त किए-

''अध्यक्ष महोदय, हम शोक की छाया में यहां एकत्र हैं। आज जो घाव सबसे हरा है, वह श्री दीनदयाल उपाध्याय के देहावसान का है। वे संसद के सदस्य नहीं थे, लेकिन भारतीय जनसंघ के जितने सदस्य आज इस सदन में और दूसरे सदन में बैठे हैं, उनकी विजय का, जनसंघ को बनाने का, बढ़ाने का, यदि किसी एक व्यक्ति को श्रेय दिया जा सकता है, तो उपाध्याय जी को

है। देखने में सीधे-सादे, लेकिन मौलिक विचारक, कुशल संगठनकर्ता, दूरदर्शी नेता, सबको साथ लेकर चलने का जो गुण उन्होंने अपने जीवन में प्रकट किया, वह नई पीढ़ी के लिए मार्गदर्शन का काम करेगा। ऊंची-से-ऊंची शिक्षा प्राप्त करके उन्होंने नौकरी नहीं की, वे परिवार के बंधनों में नहीं बंधे, शरीर का कण-कण और जीवन का क्षण-क्षण उन्होंने भारतीयता के मस्तक को सौभाग्य के सिंदूर से मंडित करने के लिए समर्पित कर दिया।

जिन परिस्थितियों में उनका निधन हुआ है वे हृदयविदारक हैं। यह कहना ठीक नहीं होगा कि वे किसी रेल-दुर्घटना के शिकार हुए। यह तथ्यों के विपरीत है। लखनऊ से पटना जाते हुए मुग़लसराय स्टेशन से थोड़ी दूर उनका शव पाया गया। अगर दुर्घटना में उनकी मृत्यु होती, तो शरीर लेटी हुई अवस्था में न मिलता, फिर शरीर के ऊपर चादर पड़ी न मिलती, फिर उनके हाथों में 5 रुपये का नोट प्राप्त न होता। उनके शरीर पर जो घाव लगे, वे भी इस बात की ओर संकेत करते हैं कि मृत्यु रेल-दुर्घटना में नहीं हुई। मृत्यु के कुछ और कारण हैं। उन कारणों की छानबीन होनी चाहिए। उत्तरप्रदेश सरकार जांच कर रही है।

केन्द्रीय सरकार को उच्चस्तरीय जांच करने की आवश्यकता है। 3.45 पर उनकी लाश देखी गई, लेकिन यह प्लेटफार्म पर नहीं लाई गई। क्यों नहीं लाई गई? उनकी जेब में टिकट था। रिजर्वेशन की स्लिप थी। वे लखनऊ से पटना जा रहे थे, यह पता लगाया जा सकता था। मगर मुग़लसराय स्टेशन के कर्मचारियों ने अपने कर्तव्य का पालन नहीं किया। अगर अचानक हमारा एक कार्यकर्ता वहां न पहुंच जाता, तो उनकी लाश लावारिस लाश बनाकर अंतिम संस्कार के लिए भेज दी जाती।

प्रश्न केवल एक नेता का ही नहीं है, एक नागरिक के जीवन की सुरक्षा का भी है, प्रश्न रेल-यात्रियों की सुरक्षा का भी है और यह आवश्यक है कि इस मृत्यु पर पड़े हुए सारे रहस्य के पर्दे खोले जाएं, तह में जाने का प्रयत्न किया जाए, जिससे भविष्य में इस प्रकार की कोई दुर्घटना न हो सके, जिससे भविष्य में किसी दल को अपना अनमोल कार्यकर्ता न खोना पड़े।

अध्यक्ष महोदय, आपने, प्रधानमंत्री ने और आचार्य रंगा ने जो कुछ कहा है, हम स्वयं को उसके साथ सम्बद्ध करते हैं। जहां तक मेरा सवाल है, मुझे अंधेरा दिखाई देता है। मेरे लिए तो रोशनी बुझ गई। वाणी में संयम, दूरदर्शी दृष्टि, सम्पूर्ण देश का विचार, सबको साथ लेकर चलने की भावना, जो भी

उपाध्याय जी के संपर्क में आए थे, वे आज उनके अभाव को अनुभव करेंगे। हमारे लिए उनकी क्षति कभी पूरी नहीं होगी, लेकिन राष्ट्र के जीवन में फिर ऐसी दुर्घटना न हो, इसके लिए प्रयत्न करने की आवश्यकता है।''

जनसंघ की अध्यक्षता

पंडित दीनदयाल उपाध्याय की मृत्यु के बाद अटल जी ने संघ के अध्यक्ष पद का भार संभाला। उन्होंने दीनदयाल जी की कमी को अपनी जीवटता से पूरा करने का प्रयास किया और इसमें उन्हें सफलता भी मिली। देश में चारों ओर सांप्रदायिकता का वातावरण बना हुआ था। कुछ लोग संघ को भी सांप्रदायिक दल समझते थे, लेकिन जब इसमें शामिल होने लगे और इसका क्षेत्र बढ़ने लगा, तो लोगों की सोच भी बदलने लगी। ऐसा केवल अटल जी के तर्कपूर्ण और तथ्यपूरक भाषणों के कारण ही हो सका। अटल जी को उस बात से गहरी ठेस पहुंची, जब रबात के मुस्लिम सम्मेलन में भारतीय प्रतिनिधिमंडल ने भाग लेकर देश की छवि को धूमिल किया। अटल जी ने इस संबंध में 17 नंवबर, 1969 को लोकसभा में कड़ा विरोध जाते हुए कहा –

''अध्यक्ष महोदय! रबात में हुए राष्ट्रीय अपमान के लिए देश की जनता से क्षमा याचना करने के बजाय सरकार जले पर नमक छिड़कने का काम कर रही है। इस बात से कोई इनकार नहीं कर सकता कि रबात में जो कुछ हुआ, वह हमारी नीति के कारण हुआ, उसे हमने आमंत्रित किया था। रबात का सम्मेलन इस्लामी देशों का सम्मेलन था, वह इस्लामी देशों द्वारा बुलाया गया था और इसमें इस्लामी देशों की समस्याओं पर विचार होना था। भारत एक इस्लामी देश नहीं है, ऐसे सम्मेलन में सरकारी तौर पर जाए, इसके औचित्य का समर्थन नहीं किया जा सकता। इससे पहले भी दुनिया के अनेक देशों में इस्लामी सम्मेलन हुए थे। भारत से कुछ प्रतिनिधि गए थे, लेकिन यह पहला अवसर है, जब भारत सरकार ने एक प्रतिनिधिमंडल भेजा। प्रतिनिधिमंडल के नेता कैबिनेट–स्तर के एक मंत्री थे। प्रतिनिधिमंडल में विदेश मंत्रालय के एक राज्यमंत्री भी थे। रबात में हमारे राजदूत को भी प्रतिनिधि मंडल में शामिल किया गया था–एक बड़ा उच्च स्तरीय प्रतिनिधिमंडल था। क्या सरकार इस बात को स्पष्ट करने की तकलीफ करेगी कि हमने इस तरह इस्लामी सम्मेलनों में गैर–सरकारी प्रतिनिधिमंडल भेजने की नीति क्यों छोड़ी?

भारत में मुसलमान रहते हैं, उनकी काफी संख्या है। वे समान नागरिकता के अधिकारों का उपयोग करते हैं। उन्हें राष्ट्र के प्रति समान कर्तव्यों का पालन करना है। मजहब के आधार पर हम अपनी जनता में कोई भेदभाव नहीं करते। हमने भारत में एक जनसांप्रदायिक राज्य स्थापित किया है। मुसलमानों की मजहबी समस्याएं हो सकती हैं, जिसके कारण वे देश के अंदर विचार कर सकते हैं, देश के बाहर भी विचार कर सकते हैं, लेकिन ऐसे सम्मेलन में सरकारी प्रतिनिधिमंडल भेजने की कोई आवश्यकता नहीं है।

अध्यक्ष महोदय! 1955-56 में स्वेज नहर के संकट के बाद काहिरा में आयोजित इस्लामी सम्मेलन में जब भारत का प्रतिनिधिमंडल भेजने का सवाल आया, तब पंडित जवाहरलाल नेहरू जीवित थे और मुझे बताया गया कि उन्होंने कहा था, हमें सरकारी प्रतिनिधिमंडल नहीं भेजना चाहिए। क्या वर्तमान विदेश मंत्री ने वह फाइल देखी है, जिस पर हमारे स्वर्गीय प्रधानमंत्री ने नोट लिखा था ? कहा जाता है कि उस फाइल से वे कागजात गायब कर दिए गए हैं। तब से लेकर अब तक अनेक सम्मेलन हुए हैं – 1965 में मोगादिस्यू, 1965 में बांडुंग में, 1965 में मक्का में और 1965 में कुआलालंपुर में।

कुआलालंपुर के सम्मेलन के लिए मुझे याद है, मलेशिया के लिए हमें निमंत्रण देने के लिए आए थे। उस समय डॉक्टर जाकिर हुसैन हमारे राष्ट्रपति थे। उनसे कहा गया था कि आप भारत के राष्ट्रपति हैं, आप मुसलमान हैं, आप अपना प्रतिनिधिमंडल भेजिए। मुझे यह भी याद है कि डॉक्टर जाकिर हुसैन ने उनसे कहा था – "मैं मुसलमान जरूर हूं, लेकिन मैं भारत का राष्ट्रपति हूं, हम एक सेक्यूलर देश हैं और मुसलमानों के सम्मेलन में बुलाकर आप हमारी बेइज्जती कर रहे हैं।"

कुआलालंपुर के सम्मेलन में कोई सरकारी प्रतिनिधिमंडल नहीं भेजा गया। मैं जानना चाहता हूं कि अब इस नीति को बदलने का निर्णय क्यों लिया गया? क्या प्रतिनिधिमंडल में इस पर विचार हुआ था? क्या कैबिनेट के लिए कोई मेमोरेंडम तैयार किया गया था? जब नीतियां बदलती हैं, तो केबिनेट के लिए एक मेमोरेंडम तैयार किया जाता है। वह मेमोरेंडम क्या है, किस आधार पर नीति परिवर्तन का निर्णय लिया गया?

हमारी नीति गुटों से अलग रहने की है। न हम सैनिक गुट मे फंसना चाहते हैं और न हम मजहबी गुटों में अपने को बांधने की गलती कर सकते हैं। रबात में इस गुटनिरपेक्षता की नीति का भी परित्याग कर दिया गया। हमारी नीति नहीं

है कि एक इस्लामी गुट न बनने पाए, लेकिन अब कहा जा रहा है कि हमारी नीति यह है कि अगर ऐसा गुट बन जाए, तो ऐसे गुट में हम घुस जाएं। हमारी नीति है कि सैनिक गुट न बने, लेकिन क्या सैनिक गुट बने, तो हम उसमें घुस जाएंगे? हमारी इस्लामी गुट को बनने से रोकने की नीति विफल हो गई है। हमारी गुटनिरपेक्षता की नीति, सेक्यूलरवाद की नीति भी विफल हो गई है, जब इस सरकार ने भारत के सम्मान को ताक पर रखकर रबात के सम्मान में जाने का फैसला किया।

अध्यक्ष महोदय! अब तक जो सम्मेलन होते थे, उनमें शामिल होने के लिए हमारे पास बुलावे आया करते थे, उनमें शामिल होने के लिए हमें दावत दी जाती थी और हम जाने में संकोच करते थे, गैर-सरकारी स्तर पर जाने की बात करते थे, लेकिन रबात में निमंत्रण की भीख मांगनी पड़ी। पहले निर्णय किया गया था कि हमें नहीं बुलाया जाएगा। फिर हमने उन देशों के दरवाजे खटखटाए, हमने भारत में नई दिल्ली स्थित दूतावासों की दहलीज़ों पर माथे टेके और हमने कहा कि हमें बुलाइए। कहा जाता है कि हमें सर्वसम्मति से बुलाया गया था। मैं पूछना चाहता हूं कि यह सर्वसम्मति रात-ही-रात में कैसे बदल गई? इसका उत्तर दिया जाता है कि पाकिस्तान के प्रेसीडेंट पर वहां की जनता ने दबाव डाला और पाकिस्तान से तार गया कि अगर भारत को शामिल करना स्वीकार कर लेंगे, तो आपकी खैर नहीं है। पाकिस्तान में लोकतंत्र नहीं है, डिक्टेटरशिप है। हमारे यहां की लोकतंत्रीय सरकार तार से नहीं हिलती, श्री फेरूमान मर जाएं तो वह टस-से-मस नहीं होती, तेलंगाना की जनता गोलियां खाती रहे, इस सरकार के कान पर जूं तक नहीं रेंगती। हम हजारों लोगों को प्रधानमंत्री के दरवाजे तक ले जाएं और त्यागपत्र मांगे, लेकिन प्रधानमंत्री हमें अनुग्रहित नहीं करते। अध्यक्ष महोदय! यह लोकतंत्रवादी देश का हाल है और हमसे कहा जा रहा है कि आप यह मान लीजिए कि पाकिस्तान के डिक्टेटर को कुछ तार मिले और पहले पाकिस्तान के जिस डिक्टेटर ने हमारे राजदूत से हाथ मिलाया था और सर्वसम्मति से हमें बुलाने का फैसला किया था, रात-ही-रात में उन्हें इल्हाम हुआ कि अगर सवेरे भारत आ गया, तो उनकी तानाशाही खत्म हो जाएगी, ये हास्यपद बातें हैं, अपनी बुद्धि को ठीक रखकर कोई भी इन पर विश्वास नहीं कर सकता।

मैं तो एक ही निष्कर्ष पर पहुंचा हूं - भारत को सर्व सम्मति से बुलाने की एक चाल थी। यह एक जाल था, हमें बुलाकर अपमानित करने के लिए

और हम उस जाल में फंस गए। इसके लिए पाकिस्तान को दोष देने का कोई अर्थ नहीं है। पाकिस्तान हमारा विरोधी है, अपने जन्मकाल से ही हमारे प्रति शत्रुता का व्यवहार कर रहा है। हमारी भूमि पर आक्रमण करके बैठा है, देश के अंदर गड़बड़ फैलाना चाहता है, भारत से बाहर कोई भी ऐसा अवसर नहीं छोड़ना चाहता, जिस पर हमें बदनाम न कर सके, लेकिन हम पाकिस्तान की चाल में क्यों फंसे? हम न जाते तो हमारा अपमान न होता। यदि गैर सरकारी प्रतिनिधिमंडल जाता, तो वह पाकिस्तान के आरोपों का उत्तर दे सकता था।

अध्यक्ष महोदय! एक बात और कही जाती है कि अगर अहमदाबाद में दंगे न होते, तो रबात में हमारा अपमान न होता। अहमदाबाद के दंगे हुए – 19 तारीख को और जब 25 तारीख को रबात में एकत्र देशों ने सर्वसम्मति से बुलाने का फैसला किया था, तब वे दंगे दबाए जा चुके थे, शांत हो चुके थे। क्या 25 तारीख को अहमदाबाद के दंगे के बारे में खबरें उन्हें पता नहीं थी? क्या रातों-रात सारा प्रचार कर दिया? पाकिस्तान ने अहमदाबाद के दंगों का उपयोग करने की कोशिश की होगी, लेकिन इसके कारण सारा सम्मेलन हमारे खिलाफ हो गया, मैं यह मानने के लिए तैयार नहीं हूं। इस बात को भी ध्यान में रखना होगा कि अहमदाबाद में दंगों की जांच हो रही है। मैं ज्यादा कुछ नहीं कहना चाहता, लेकिन क्या यह नहीं हो सकता कि अहमदाबाद में उन तत्त्वों ने दंगे कराए हों, जो रबात सम्मेलन में भारत की स्थिति को बिगाड़ना चाहते थे? ऐसे तत्त्व हमारे देश में हो सकते हैं, उन्हें बेपर्दा किया जाना चाहिए, लेकिन रबात के अपमान के लिए हम अहमदाबाद के दंगों को दोष देकर अपनी जिम्मेदारी से नहीं बच सकते। अगर दंगे होते और हम न जाने का फैसला करते, तो हमें अपमान सहन नहीं करना पड़ता।

सबसे बड़े दुःख की बात यह है कि उस सम्मेलन में, जो हमारे बड़े मित्र होने का दावा करते हैं और जिनके साथ मित्रता निभाने के लिए हमने निश्चित मार्ग से अलग जाकर भी नीति को अपनाने में कोई संकोच नहीं किया, वे भी रबात के सम्मेलन में हमारी मदद के लिए नहीं आए। जॉर्डन से हमें कोई शिकायत नहीं है, जॉर्डन तो सैनिक गुट का सदस्य है। जॉर्डन तो अभी साम्राज्यवाद की चौकी है। हमें टर्की और ईरान से भी कोई शिकायत नहीं है। हमें सऊदी अरब से भी अधिक आशा नहीं है। हम अपने विदेश मंत्री और प्रधानमंत्री से पूछना चाहते हैं कि रबात के सम्मेलन में यूनाइटेड अरब रिपब्लिक ने क्या किया? क्या खड़े होकर उन्होंने एक बार कहा कि जिस देश

को सर्वसम्मति से बुलाया गया है, उसको बाहर नहीं निकाला जा सकता और अगर आप बाहर निकालोगे, तो भारत के साथ हमको भी बाहर जाना पड़ेगा और फिर यह सम्मेलन नहीं हो सकता। मित्र वही है, जो जरूरत के समय काम आता है। मगर यूनाइटड अरब रिपब्लिक ने हमारे साथ मित्रता का व्यवहार नहीं किया। यह बात मैं गुस्से में नहीं कह रहा हूं, बड़े शोक में कह रहा हूं। हम जानते हैं कि पश्चिम एशिया में प्रतिक्रियावादी ताकतें और प्रगतिशील ताकतें लड़ रही हैं। अगर हम प्रगतिशील ताकतों को बढ़ावा देना चाहते हैं, तो उन प्रगतिशील ताकतों को हमें बढ़ावा देना चाहिए।

प्रधानमंत्री ने कहा कि रबात का मामला वही उठा रहे हैं, जो अरबों से दोस्ती नहीं करना चाहते। माना प्रधानमंत्री अकेली हैं, जिन्होंने अरबों से दोस्ती का ठेका ले रखा है। सारा देश अरबों से दोस्ती करना चाहता है, लेकिन इसका मतलब यह नहीं कि इजराइल से दुश्मनी की जाए। अगर अरब देश हमारे और पाकिस्तान के एक साथ मित्र हो सकते हैं, अगर अरब देश पाकिस्तान और चीन के एक एक साथ मित्र हो सकते हैं, तो भारत, अरब और इजराइल एक साथ मित्र क्यों नहीं हो सकते? हम कहना चाहते हैं कि अरबों के इलाके पर इजराइल ने कब्जा किया है, वह खाली कर दे, लेकिन क्या वे इस बात को भी कहने के लिए तैयार हैं कि पाकिस्तान और चीन ने हमारे जिस इलाके पर कब्जा किया है, उसे पाकिस्तान और चीन खाली करके चले जाएं? दोस्ती कोई वनवे ट्रैफिक नहीं है। मित्रता के लिए केवल ताली एक हाथ से नहीं बजती। मित्रता परस्पर के हितों और संबंधों पर आधारित होती है।

इस्लामी गुट में शामिल होने की कोशिश करके हमने यूनाइटेड को कमजोर किया है। हमने अफ्रीकी और एशियाई देशों की एकता पर चोट की। हमने अरब देशों की एकता को भी भंग किया है। यूनाइटेड नेशंस के चार्टर में रीजनल ग्रुपिंग की इजाजत है, लेकिन मजहबी ग्रुपिंग की नहीं – मजहब के आधार पर बने हुए गुटों की नहीं। अफ्रीकी देशों का एक संगठन है, अरब देशों का एक संगठन है, लेकिन अब एक नई हवा चली है, जिसके अंतर्गत मजहब के आधार पर गुट बनाने का प्रयत्न हो रहा है। इस हवा का हमें विरोध करना चाहिए था, लेकिन हमारी सरकार इस हवा में उड़ गई। उसके पैर उखड़ गए और उस गलती को अब मानने के बजाय उस पर लीपा–पोती की जा रही है।

यूगोस्लाविया के एक अखबार का एक उदाहरण देकर मैं अपने भाषण को समाप्त करना चाहता हूं। यह 'रेव्यू ऑफ इंटरनेशनल अफेयर्स' है, जो कि

फेडरेशन ऑफ यूगोस्लाव जर्नलिस्ट्स के द्वारा प्रकाशित किया जाता है। इस अंक में यूगोस्लाविया के एक बड़े तत्वज्ञ लगोमिर मनोविच का लेख प्रकाशित हुआ है। हमारे विदेश मंत्री रबात सम्मेलन के पहले यूगोस्लाविया गए थे और वहां पर जो वक्तव्य प्रकाशित किया गया है, उसमें कहा गया कि हम परस्पर हितों की बातों पर और पश्चिम एशिया के संबंध में जो भी निर्णय होंगे, उनके बारे में चर्चा करेंगे। मैं श्री दिनेश सिंह से पूछना चाहता हूं कि क्या उन्होंने यूगोस्लाविया से पूछा कि क्या आपको रबात सम्मेलन में बुलाया गया है और क्या आप जा रहे हैं? युगोस्लाविया में भी मुसलमान रहते हैं।

श्री मनोविच लेख में लिखते हैं, ''यदि मुस्लिम देशों की कोई भी सभा किसी धार्मिक मसले पर बुलाई जाती है, जैसे किसी धार्मिक स्थान....अकासा या किसी दूसरे अंतर्राष्ट्रीय स्तर के पवित्र स्थान जैसे येरूशलम का कोई भी भी हिस्सा तो यह तर्क पूर्ण कहा जा सकता है, लेकिन यहां तर्क स्पष्ट नहीं है। सभा धार्मिक आधार पर बुलाई गई है और राजनीतिक समस्याओं पर विचार-विमर्श होना है।''

मेरी सबसे बड़ी शिकायत यह है कि मुझे एक मिनट और दीजिए। सेकुलरवाद का मतलब है देश के अंदर सभी धर्मों को समान समझना और मजहब को राजनीति से अलग रखना। प्रधानमंत्री कहती हैं कि हम रबात में इसलिए गए कि वहां पर राजनीतिक मसलों पर चर्चा होने वाली थी। ऐसी स्थिति में हमारे वहां जाने पर, तो और भी आपत्ति होनी चाहिए थी। उस सम्मेलन को इस्लामी देशों ने बुलाया। एजेंडा में इस्लामी देशों की चर्चा थी और बाद में जो घोषणा प्रकाशित की गई, उसमें इस्लामी देशों का नाम लिया गया।

जब इस्लामी देश राजनीतिक सवालों पर चर्चा करते हैं, तब हम वहां पर नहीं जा सकते - यह हमारी सेक्यूलरिज्म नीति के खिलाफ है। वे इस्लाम की चर्चा करें, तो हमारे देश के मुसलमान प्रतिनिधि बनकर जा सकते हैं, लेकिन जब वे राजनीति को मजहब से मिलाते हैं, इस्लाम को राजनीति से मिलाते हैं तो हमारे लिए अपने दरवाजे बंद कर देते हैं, लेकिन हम रबात में दरवाजे तोड़कर घुस गए और बे-आबरू होकर वहां से निकले। इसके लिए माफी मांगने के बजाय सरकार गलती दोहरा रही है। मुझे डर है कि भविष्य में ये विदेश मंत्रियों के सम्मेलन में भाग लेंगे। जो सचिवालय कायम किया जा रहा, उसमें मदद देना यह हमारी गुटनिरपेक्षता और सेकुलरवाद की नीति के खिलाफ होगा। अगर सरकार ने सारी नीतियों और राष्ट्रीय हितों को ताक पर रखकर

अंधेरे में छलांग लगाने का फैसला कर लिया है, तो हम उसे एक और धक्का देने के लिए तैयार हैं, लेकिन देश की जनता इस अपमान को कभी सहन नहीं करेगी।

धन्यवाद!''

पाकिस्तान का आक्रमण

1971 में पाकिस्तान ने भारत पर ज़बरदस्ती युद्ध थोप दिया। बांग्लादेश का जन्म हुआ। देश पर आए भीषण खतरे के समय अटल जी विपक्षी न बनकर सदैव एक देश भक्त के रूप में उठ खड़े होते हैं। इस अवसर पर संसद में दिए गए उनके भाषण इसकी पुष्टि करते हैं :

''भारत वंदन की भूमि है, अभिनन्दन की भूमि है। यह अर्पण की भूमि है, तर्पण की भूमि है। हम जिएंगे तो इसके लिए, मरेंगे तो इसके लिए।

अध्यक्ष जी! हम एक राष्ट्रीय संकट की छाया में एकत्र हुए हैं। पाकिस्तान ने हमारे ऊपर युद्ध थोप दिया है। हम अग्निपरीक्षा से गुजर रहे हैं। कोई कारण नहीं है कि हम इस अग्निपरीक्षा में से कुन्दन बन कर चमकें। कोई कारण नहीं है कि हम अपनी सीमा की सुरक्षा न करें और पाकिस्तान के शासकों को ऐसा पाठ पढ़ाएं, जिसे वे ज़िन्दगी-भर न भुला सकें।

आज मैं पार्टी की ओर से बोलने को तैयार नहीं हूं। अब तो सारा देश एक पार्टी है। राजनीति के मतभेद भुलाकर, छोटी-छोटी चीजों को ताक पर रखकर, सारे देश को कंधे-से-कंधे लगाकर और कदम-से-कदम मिलाकर विजय के लिए आगे बढ़ना होगा। यह संघर्ष जितने बलिदान की मांग करेगा, वे बलिदान दिए जाएंगे, जितने अनुशासन का तकाजा होगा, यह देश उतने अनुशासन का परिचय देगा। कोई कारण नहीं कि हम संकट की घड़ी में उस राष्ट्रीय संकल्प का परिचय न दें, जो राष्ट्रीय संकल्प ऐसे अवसरों पर आवश्यक हुआ करता है।

अध्यक्ष महोदय! माताएं जिस दिन के लिए बच्चों को जन्म देती हैं, आज वह दिन आ गया है। बहनें जिस दिन के लिए भाइयों के हाथों पर राखी बांधती हैं, आज वह दिन आ गया। अगर पाकिस्तान यह समझता है कि धोखे से हमला करके वह हमें ग़फ़लत में डाल सकता है, तो यह पाकिस्तान की भूल है।

हम चाहते हैं कि यह देश विजयी हो और प्रधानमंत्री जी के नेतृत्व में हम एक नए इतिहास का निर्माण करें।''

बांग्लादेश का आविर्भाव

अटल जी हमेशा से सकारात्मक राजनीति के पक्षधर रहे हैं। पक्षपात से उन्हें बहुत पीड़ा होती है। बांग्लादेश के उदय के बाद 6 दिसम्बर, 1971 को जब अन्य नेतागण संसद में उहापोह की स्थिति में थे, अटल जी ने तब स्पष्ट कहा था –

हम इतिहास को एक नई दिशा देने का प्रयत्न कर रहे हैं। आज बांग्लादेश में अपनी आज़ादी के लिए लड़ने वालों और भारतीय जवानों का रक्त साथ–साथ बह रहा है। यह रक्त ऐसे संबंधों का निर्माण करेगा, जो किसी भी दबाव से टूटेंगे नहीं, जो किसी भी कूटनीति का शिकार नहीं बनेंगे। बांग्लादेश की मुक्ति अब निकट आ रही है। मुझे लगता है, हमारी सेनाएं अब ढाका के दरवाजे पर पहुंच रही हैं। भारत सरकार ने बांग्लादेश को मान्यता देकर, केवल मुक्ति–संग्राम को ही सहायता नहीं दी है, बांग्लादेश को अंतर्राष्ट्रीय दर्जा भी दे दिया है। अब वह सुरक्षा परिषद् में स्वाधीन बांग्लादेश का नुमाइन्दा बनकर जाएगा इसलिए हमारा उसे इस समय मान्यता देना और भी अर्थपूर्ण हो गया है।

मैं समझता हूं कि हमारी प्रधानमंत्री जी वास्तव में बधाई की अधिकारिणी हैं। हम कुछ और भी ऐसी खबरों की प्रतिदिन आशा करते हैं।''

छुआछूत एक अभिशाप

अटल जी छुआछूत के घोर विरोधी हैं। इस संदर्भ में उनके विचार महात्मा गांधी से मिलते–जुलते हैं। इस विषय पर संसद में भी वे जब–तब बोलते रहते हैं। उनके एक भाषण के अंश –'

''छुआछूत एक पाप है, छूआछूत एक अभिशाप है, अस्पृश्यता एक कलंक है। जब तक यह कंलक हमारे माथे से नहीं मिटेगा, हम दुनिया के सामने सिर ऊंचा करके नहीं खड़े हो सकते। मैं यह नहीं समझता, हिन्दू शास्त्र कहते हैं कि अस्पृश्यता चलनी चाहिए। अगर शास्त्रों में कोई ऐसी व्याख्या है, तो वह गलत व्याख्या हुई है और हम उसे मानने के लिए तैयार नहीं हैं। मैं एक कदम और आगे जाकर यह भी कहने को तैयार हूं कि कल अगर परमात्मा भी आकर कहे कि छुआछूत मानो, तो मैं उसे परमात्मा मानने के लिए तैयार नहीं हूं। मगर परमात्मा ऐसा नहीं कह सकता, जो परमात्मा के भक्त बनते हैं, उनको भी ऐसी बातें नहीं करनी चाहिए।''

मीडिया की आज़ादी

अटल जी ने पत्रकारिता से ही राजनीतिक जीवन की शुरुआत की थी अत: वे शुरू से ही प्रेस की स्वतंत्रता के पक्षधर रहे हैं। तत्कालीन प्रधानमंत्री श्रीमती इंदिरा गांधी कई बार प्रेस की कट्टर विरोधी हो जाती थीं। अटल जी बराबर उनके इस व्यवहार का विरोध करते रहे – संसद में और बाहर भी। एक बार इसी संदर्भ में लोकसभा में उन्होंने ये उद्गार व्यक्त किए थे –

"लोकतंत्र का एक आधार है, प्रेस की स्वतंत्रता। प्रधानमंत्री (श्रीमती इंदिरगांधी) प्रेस की स्वतंत्रता को भी नहीं पसंद करतीं। बम्बई के कांग्रेस अधिवेशन में उन्होंने कुछ समाचार-पत्रों में काम करने वाले संपादकों और संवाददाताओं को बुलाया और इस बात की शिकायत की कि बम्बई अधिवेशन की ठीक तरह से पब्लिसिटी नहीं हो रही है। उन्होंने यह भी कहा कि मैं आपके मालिकों को बुलाकर दस मिनट में आपको ठीक कर सकती हूं।

उपाध्यक्ष महोदय! भारत के समाचार-पत्रों में प्रधानमंत्री के भाषण और उनकी तस्वीरें जितना स्थान लेती हैं, उतना स्थान दुनिया के किसी लोकतंत्रवादी देश के प्रधानमंत्री को नहीं मिलता, फिर भी प्रधानमंत्री इससे संतुष्ट नहीं हैं। शायद वे चाहती हैं – 'एकोहं द्वितीयो नास्ति।' (एक मैं हूं और दूसरा कोई नहीं) मेरे सामन कौन है? यह भावना तानाशाही को जन्म देती है। प्रधानमंत्री को इस भावना से सावधान रहना चाहिए।"

न्यायपालिका की आज़ादी

स्वतंत्र न्यायपालिका लोकतंत्र की नींव होती है। अटल जी न्यायपालिका की स्वतंत्रता के पक्षधर हैं। वे न्यायपालिका को कार्यपालिका और विधायिका से उच्च मानते रहे हैं। इस सम्बंध में उनके विचार 'संसद में चार दशक' नामक पुस्तक में मिलते हैं। यथा: "न्यायपालिका सर्वथा स्वतंत्र और निष्पक्ष रहनी चाहिए और जब मैं यह कहता हूं 'रहनी चाहिए' तो केवल रहनी ही नहीं चाहिए, दिखाई भी देनी चाहिए और ऐसी चर्चा नहीं होनी चाहिए, जिससे यह आशंका पैदा हो कि जजों को प्रभावित करने की कोशिश की जाती हो।"

उच्चतम न्यायालय में बिना किसी भेदभाव के वरिष्ठतम न्यायाधीश को ही वे प्रधान न्यायाधीश बनाने के पक्षधर रहे हैं। एक बार जब इस प्रथा को तोड़ने की कोशिश की गई तो 24 अगस्त, 1973 को उन्होंने संसद में संशोधन

विधेयक पेश करते हुए कहा, "यह भी कहा जाता है कि अगर वरिष्ठ न्यायाधीश योग्य न हो तो? मैं पूछना चाहता हूं कि अगर वह योग्य नहीं है, तो वह सुप्रीम कोर्ट तक पहुंचा कैसे? क्या सुप्रीम कोर्ट तक पहुंचने के लिए योग्यता की कोई कसौटियां नहीं हैं? जो व्यक्ति सुप्रीम कोर्ट में जज हो सकता है, क्या वह चीफ जस्टिस नहीं हो सकता? क्या कोई कह सकता है कि जो तीन जज सुपरसीड किए गए थे, वे योग्य नहीं थे या उनमे निर्णय लेने की और नेतृत्व देने की योग्यता नहीं थी?

मगर सरकार को हां-में-हां मिलाने वाला जज चाहिए इसलिए वह अपने को किसी नियम, किसी परम्परा और किसी तरीके में बांधना नहीं चाहती। मेरा यह विधेयक इस दिशा में प्रयास है और मैं चाहूंगा कि सदन इस पर विचार करे और अपना मत दे।"

लेखक और कवि के रूप में अटल

राजपथ पर भीड़, जनपथ पड़ा सूना,
पलटनों का मार्च, होता शोर दूना।
शोर से डूबे हुए स्वाधीनता के स्वर,
रुद्ध वाणी, लेखनी जड़, कसमसाता डर।
भयातंकित भीड़, जन अधिकार वंचित,
बन्द न्याय कपाट, सत्ता अमर्यादित।
लोक का क्षय, व्यक्ति का जयकार होता,
स्वतंत्रता का स्वप्न रावी तीर रोता।
रक्त के आंसू बहाने को विवश गणतंत्र,
राजमद ने रौंद डाले मुक्ति के शुभ मंत्र।
क्या इसी दिन के लिए पूर्वज हुए बलिदान?
पीढ़ियां जूझीं, सदियों चला अग्नि-स्नान?
स्वतंत्रता के दूसरे संघर्ष का घननाद,
होलिका आपात् की फिर मांगती प्रहलाद।
अमर है गणतंत्र, कारा के खुलेंगे द्वार,
पुत्र अमृत के, न विष से मान सकते हार।

अटल जी ने आपातकाल के दौरान, 1975 में 'अमर है गणतंत्र' नाम से उपर्युक्त कविता की रचना की थी। कवि के रूप में उनकी पहली कविता 1939 में – 'कवित आज सुना वह गान रे' – शीर्षक से ग्वालियर के विक्टोरिया कॉलेजियट हाई स्कूल की कॉलेज पत्रिका में प्रकाशित हुई थी। (पाठक यह कविता पृष्ठ 19 पर पढ़ें।) जब वे कक्षा नौ के छात्र थे। लेखक के रूप में उनके ज्वलंत और तथ्यपरक् विचार सबसे पहले लखनऊ से प्रकाशित मासिक 'राष्ट्रधर्म' के माध्यम से, फिर साप्ताहिक 'पांचजन्य' द्वारा

तदुपरांत 'दैनिक स्वदेश' और 'वीर अर्जुन' द्वारा हमें मिलते रहे हैं। स्वतंत्रता संग्राम से लेकर आज तक के उनके भाषण, उनके विचार, उनके व्याख्यान भी उनके लेखक और कवि मस्तिष्क की उपज हैं, जो ऐतिहासिक दस्तावेज़ के रूप में हमारी थाती हैं।

संसद में तीन दशक

3 मार्च, 1993 को, 'ससंद में तीन दशक' नाम से अटल जी के भाषणों के तीन खंडों का विमोचन हुआ। इनमें अटल जी के गत् 40 वर्षों के राजनीतिक जीवन और लोकसभा तथा राज्यसभा में उन्होंने जिन समस्याओं को उठाया, वे विचार दर्ज हैं। लोकसभा के तत्कालीन अध्यक्ष शिवराज पाटिल ने नई दिल्ली में इनका विमोचन करते हुए कहा कि 'जब वे छात्र थे, अटल जी का भाषण सुनने कक्षा छोड़कर आया करते थे। वे उच्च कोटि के वक्ता के साथ-साथ अनुशासित, अध्ययनशील तथा मर्यादावान आदर्श सांसद भी हैं। उनकी भाषा में गंगा जैसी निर्मलता है।' इस अवसर पर समारोह में मौजूद सर्वश्री चन्द्रशेखर, लालकृष्ण आडवाणी, रविराय और विद्यालय शुक्ल आदि ने भी अटल जी के राजनीतिक जीवन से जुड़े अनेक रोमांचक संस्मरण सुनाए। इनका सम्पादन अटल जी के करीबी मित्र एन.एम. घटाटे ने किया।

मेरी इक्यावन कविताएं

13 अक्टूबर, 1995 का दिन। स्थान - फिक्की सभागार, नई दिल्ली। अटल जी, तत्कालीन प्रधानमंत्री पी.वी. नरसिम्हा राव, डॉ. विद्यानिवास मिश्र, डॉ. चंद्रिका प्रसाद शर्मा, डॉ. शिवमंगल सिंह 'सुमन', डॉ. लक्ष्मीमल सिंघवी, आर.एस.एस. के श्री के.सी. सुदर्शन, श्री लालकृष्ण आडवाणी, डॉ. मुरली मनोहर जोशी, मदनलाल खुराना आदि विशिष्ट अतिथियों की मौजूदगी।

अवसर था, अटल जी के काव्य संग्रह 'मेरी इक्यावन कविताएं' पुस्तक के लोकार्पण का। दीप प्रज्वलित कर श्री नरसिम्हा राव ने समारोह का औपचारिक शुभारंभ किया। प्रख्यात साहित्यकार डॉ. विद्यानिवास मिश्र ने पुस्तक का लोकर्पण किया और उसकी पहली प्रति प्रधानमंत्री पी.वी. नरसिम्हा राव को भेंट की। इस अवसर पर अपने भाषण की शुरुआत करते हुए श्री राव ने कहा - "अटल जी मेरे नए गुरु हैं...।" तो हॉल करतल ध्वनि से गूंज उठा। तालियों का शोर थमा तो श्री राव आगे बोले :

"एक दिन पार्लियामेंट के सेंट्रल हॉल में चन्द्रशेखर जी ने अटल जी को गुरुजी कहकर सम्बोधित किया। उसी क्षण मुझे ऐसा लगा कि मेरा जीवन तो

यों ही बीत गया। मैंने किसी को अपना गुरु नहीं बनाया। कहा जाता है कि गुरु के बिना शिक्षा पूरी नहीं होती इसलिए तभी से मैंने भी अटल जी को अपना गुरु बना लिया। इस तरह मैंने निगुरा होने के कलंक को धो लिया।

मैं पिछले बीस वर्षों से अटल जी के बेहद करीब रहा हूं, इंचों करीब नहीं, गज़ों करीब। मैंने अटल जी को सदैव अपना समानधर्मा पाया है। उनके व्यक्तित्व में कुछ ऐसा है, जो हमें बांधता है, दूर नहीं जाने देता इसलिए मैं अटल जी को सुनते ही रहना चाहता हूं। कभी-कभी संसद में वे ऐसी जली-कटी सुनाते हैं कि हम तिलमिला जाते हैं। मगर उनका सौहार्द छुपाए नहीं छुपता। उनका भाषण रौद्र होते हुए भी शांत रस का आभास देता है, क्योंकि उनके दिल में कठोरता नहीं है। अपनी संवेदनशीलता के कारण हमारे पक्ष के सदस्यों को भी अटल जी बहुत पसंद हैं इसलिए हम लोगों के लिए वे विपक्ष के सबसे अच्छे नेता हैं। उनकी कविता की एक पंक्ति 'इतना काफी है/ अंतिम दस्तक पर/खुद दरवाजा खोलूं' मुझे रुला देती हैं।''

इस अवसर पर डॉ. शिवमंगल सिंह 'सुमन' भी बोले। वे डी.ए.वी कॉलेज, कानपुर में हिन्दी के प्राध्यापक थे, तब अटल जी भी छात्र के रूप में वहां अध्ययनरत थे और उनका बड़ा आदर करते थे। श्री 'सुमन' ने अटल जी को ऐसा संवेदनशील कवि बताया जो संघर्षशील योद्धा भी है, जो चुनौतियां भी देता है और विद्रोह भी करता है।

डॉ. विद्यानिवास मिश्र ने कहा कि अटल जी की वाणी व लेखनी दोनों पर सरस्वती विराजी हैं। इस अवसर पर श्री सुदर्शन ने अटल जी की कविताओं का पाठ भी किया, जिसे श्रोताओं ने बहुत पसंद किया। डॉ. लक्ष्मीमल सिंघवी ने अटल जी की कविताओं को रसपूर्ण और संवेदनशक्ति से भरपूर बताया।

अटल जी की पुस्तक 'मेरी इक्यावन कविताएं' का संकलन व सम्पादन अवध विश्वविद्यालय, लखनऊ से जुड़े साहित्यकार डॉ. चंद्रिकाप्रसाद शर्मा ने किया। इससे पूर्व उनकी 41 चुनिंदा कविताएं 'अमर आग है' नाम से आचार्य विष्णुकांत शास्त्री के संपादन में श्री बड़ा बाजार कुमार सभा पुस्तकालय, कोलकाता से प्रकाशित हुईं। 'जंग न होने देंगे' शीर्षक से उनकी कविताओं की एक कैसेट भी बनी है।

इस विमोचन समारोह के अंत में श्री अटल बिहारी वाजपेयी ने आभार व्यक्त करते हुए कहा :

''मुझे आभार प्रदर्शन करने के लिए कहा गया है। मैं क्या कहूं? मैंने कभी नहीं सोचा था कि मेरी कविताओं की संख्या इक्यावन पहुंच जाएगी। लंदन में

श्री सिंघवी जी ने अपने निवास पर एक काव्य-संध्या का अयोजन किया, जिसमें मुझे कवि-रूप में मान्यता मिली। मुझे याद है कि जो कविताएं मैंने पढ़ीं वे सोलह-सत्रह ही थीं। लता जी की उपस्थिति ने कार्यक्रम को सुहावना बना दिया था। आपातकाल के समय की मेरी कुण्डलियों को मेरे मित्र श्री दीनानाथ मिश्र ने संपादित करके प्रकाशित कराया, तब मैं मंत्री था। मंत्री को प्रकाशक मिल जाते हैं, औरों को तो ग्राहक भी मिलना मुश्किल हो जाता है।

मैं सोचता हूं कि मेरी इन कविताओं को कौन छापेगा? प्रो. विष्णुकांत जी ने कलकत्ता में 'एक शाम' का आयोजन किया। मैंने कविताएं पढ़ीं। उन कविताओं की संख्या 25-30 से ज्यादा नहीं थी। लखनऊ के डॉ. चन्द्रिकाप्रसाद शर्मा 51 कविताएं इकट्ठी करने में सफल हुए। मुझे लगता है, कुछ कविताएं इधर-उधर और फैली पड़ी होंगी। अपनी कविताओं को सहेजकर न रखने का दोष मेरा है। मैंने कभी ज्यादा चिंता नहीं की। अब मेरी कविताएं पुस्तक के रूप में आ गई हैं। आलोचक अपनी कसौटी पर कसेंगे। इस मंच की कही गई अधिकांश बातें मैं सुन नहीं सका। केवल भावार्थ ग्रहण किया है। मुझे डॉ. सुमन जी का आशीर्वाद मिला है। एक विद्यार्थी के रूप में मैंने उनसे प्रेरणा पाई। कवि-सम्मेलनों में भी उनके साथ रहा। मेरी 'अमर आग' कविता उन्हीं की प्रेरणा से लिखी गई। यदि छात्र के रूप में मुझसे कभी कोई त्रुटि हो गई हो, तो मैं सार्वजनिक रूप से क्षमा मांगता हूं। भले अब मैं कॉलेज का छात्र न हूं, लोकतंत्र की पाठशाला का विद्यार्थी तो हूं ही।

श्री नरसिम्हा राव जी, मैं उनके नाम के साथ पद का उल्लेख नहीं कर रहा हूं, ने अस्वस्थता के बावजूद इस कार्यक्रम में अपनी उपस्थिति से कार्यक्रम को गौरव प्रदान किया है। उनकी भूमिका एक साहित्यकार की भूमिका है। उन्होंने जो कुछ अभी तक लिखा है, वह प्रकाशित नहीं हुआ, भाषणों के रूप में ही है। उस दिन श्री नरेन्द्र मोहन जी की पुस्तक के लोकार्पण के कार्यक्रम में उनको एक साहित्यकार के रूप में सुनने का अवसर मिला था। यह कोई प्रधानमंत्री और प्रतिपक्ष के नेता का मिलन नहीं है। यह तो साहित्य संगम है। यहां हृदय की बातें होती हैं। राजनीति अस्थिर है, चंचल होती है, यह समयसापेक्ष होती है और साहित्य कालनिरपेक्ष होता है, वह कालविजयी होता है।

श्री चन्द्रशेखर जी मुझे गुरुजी कहते हैं। मैं कहता हूं, गुरु तो गुरु रह गए, चेला शक्कर हो गए। आज गुरु की आवश्यकता नहीं है, गुरुघंटाल की आवश्यकता है।''

सब पर भारी, अटल बिहारी

सबल भुजाओं में रक्षित है, नौका की पतवार।
चीर चलें सागर की छाती, पार करें मंझधार।
ज्ञान केतु लेकर निकला है, विजयी शंकर।
अब न चलेगा ढोंग, दम्भ, मिथ्या आडम्बर।

ग्यारहवीं लोकसभा के चुनावों की घोषणा 1996 में हुई। अटल बिहारी वाजपेयी ने लखनऊ और गुजरात में गांधी नगर से परचे दाखिल किए। उन दिनों लखनऊ में नारे लग रहे थे :

''उज्ज्वल भारत की तैयारी; अटल बिहारी, अटल बिहारी।''

और –

''सब पर भारी, अटल बिहारी।''

लखनऊ में उनके विरुद्ध समाजवादी पार्टी ने अभिनेता राज बब्बर को उतारा। अटल जी ने लखनऊ और गांधी नगर में अनेक जनसभाएं आयोजित कीं। अंततोगत्वा उन्हें दोनों स्थानों पर विजय मिली। लखनऊ में राज बब्बर को उन्होंने 1 लाख 18 हज़ार वोटों से पराजित किया। इस चुनाव में कांग्रेस को केवल 136 सीटें मिलीं, जबकि भाजपा ने 161 सीटें जीतकर सबसे बड़े दल के रूप में उपस्थिति दर्ज कराई।

तेरह दिन के प्रधानमंत्री

तत्कालीन राष्ट्रपति डॉ. शंकरदयाल शर्मा ने सबसे बड़े दल के रूप में उभरी भाजपा के नेता अटल बिहारी वाजपेयी को सरकार बनाने के लिए आमंत्रित किया।

16 मई, 1996 को राष्ट्रपति भवन में पक्ष और विपक्ष के अनेक गणमान्य नागरिक और राजनेताओं की मौजूदगी में अटल जी ने देश के ग्यारहवें प्रधानमंत्री के रूप में शपथ ग्रहण की। इस अवसर पर पूरा देश दूरदर्शन पर टकटकी लगाए था।

अटल जी के बड़े भाई पं. अवध बिहारी वाजपेयी (अब स्वर्गीय) भी भाव विभोर से वहां मौजूद थे। श्री अटल बिहारी वाजपेयी के प्रधानमंत्री बनने पर देश-विदेश से बधाइयों का तांता लग गया। दिल्ली, गांधी नगर, लखनऊ और देश के अन्य भागों में अभिनन्दन समारोह आयोजित किए गए।

राष्ट्र के नाम पहला संदेश

प्रधानमंत्री अटल बिहारीर वाजपेयी ने देश के नाम अपने पहले संदेश में गरीबी और बेरोज़गारी के उन्मूलन, कश्मीर समस्या के समाधान, स्वच्छ प्रशासन और आगामी कार्यक्रमों पर व्यापक प्रकाश डाला। यह संदेश दूरदर्शन और आकाशवाणी पर 19 मई, 1996 को प्रसारित हुआ। उन्होंने कहा :

''राष्ट्रपति जी ने भारतीय जनता पार्टी तथा उसके सहयोगी दलों द्वारा लोकसभा में सबसे अधिक सीटें जीतने के आधार पर सरकार बनाने का मुझे निमंत्रण दिया है। राष्ट्रपति महोदय का यह निर्णय लोकतंत्रीय परम्पराओं के अनुरूप है और उन्हें घोषित करता है। मैंने जनादेश की भावना का सम्मान करते हुए इस पद की जिम्मेदारी को पूरी विनम्रता के साथ स्वीकार किया है। फिर भी कुछ लोगों ने इस निर्णय की जिस भाषा में आलोचना की है, उससे मुझे गहरा दुःख हुआ है और मुझे विश्वास है कि इससे आपकी भावनाओं को भी चोट लगी होगी। जो लोग तरह-तरह के जोड़-तोड़ कर और अलग-अलग प्रकार के गठबंधन बनाकर भी हमसे अधिक सीटें प्राप्त करने में सफल नहीं हुए, आज वे उन दलों के साथ सांठ-गांठ करने में संकोच नहीं कर रहे हैं, जिनके विरुद्ध उन्होंने कटुतापूर्ण चुनाव-संघर्ष किया था। उनकी इस राजनीति को सत्ता प्राप्ति के एकमेव उद्‌देश्य से प्रेरित सिद्धांतहीन राजनीति के अतिरिक्त और कोई नाम नहीं दिया जा सकता। पिछले एक सप्ताह में उन्होंने इस बारे में एक भी शब्द नहीं कहा कि वे आपके लिए या देश के लिए क्या करेंगे, उनकी कार्यसूची में केवल यही छः शब्द हैं : ''हम भाजपा को नहीं आने देंगे।'' इसके लिए हमको बदनाम करने का सुनिश्चित अभियान चलाया जा रहा है, जिसका उद्‌देश्य हमें प्राप्त जनादेश को ध्वस्त कर देना है। मुझे विश्वास है कि लोकतंत्र में सच्ची निष्ठा रखने वाले सारी स्थिति पर पुर्नविचार करेंगे।''

मतदाताओं के सामने विकास, भ्रष्टाचार, सरकारी काम-काज में पारदर्शिता और जवाबदेही, ये मुद्दे आज भी उतने ही प्रासंगिक हैं, जितने की पहले थे। संक्षेप में कहूं, तो भारत को 'सुराज' अर्थात् अच्छा राज्य होना चाहिए।

एक महत्त्वपूर्ण मुद्दा गरीबों के उत्थान का है। हमारे पास पर्याप्त प्राकृतिक साधन होने पर भी अधिकांश देशवासी गरीब हैं, जिन्हें उनके अवसरों से वंचित रखा गया है और जिन्हें तरक्की का मौका नहीं मिला है। मैं स्वयं उनमें से एक हूं, इस दौर से गुज़रा हूं और इसलिए उनकी पीड़ा समझता हूं।''

विश्वास मत

27 मई, 1990 को लोकसभा में विश्वास मत प्रस्तुत करते हुए अटल बिहारी वाजपेयी ने कहा :

''सभी धर्मों को, पंथों को समान दृष्टि से देखना हिन्दू-चिंतन का निचोड़ है। यह हमारी अस्मिता है। भारत में अनेक मत हैं, अनेक मतान्तर हैं - केवल एक पुस्तक नहीं है, एक पैग़म्बर नहीं है। यहां ईश्वर को मानने वाले भी हैं, ईश्वर को नकारने वाले भी हैं, यहां किसी को सूली पर नहीं चढ़ाया गया और न किसी को पत्थर मारकर दुनिया से उठाया गया। यह सहिष्णुता इस देश की मिट्टी में है -

'एकम् सद्विप्रा बहुधा वदन्ति।'

इस देश में कभी भी मजहबी राज्य की मांग नहीं उठी – मजहब के आधार पर, मत भिन्नता के आधार पर उत्पीड़न की बात नहीं उठी, न उठेगी, न उठनी चाहिए। भारत सैकुलर है, सैकुलर रहेगा। हम अपने पड़ोसी देशों की तरह मजहबी राज्य नहीं बनेंगे।''

अपने तर्कपूर्ण और तथ्यपरक् भाषण द्वारा बीजेपी पर लगाए जाने वाले साम्प्रदायिकता के आरोप को अटल जी ने शरारतपूर्ण और निराधार करार दिया। इसके बाद संसद में अनेक वक्ताओं ने विचार प्रकट किए। 28 मई को विश्वास मत पर हुई बहस का उत्तर देते हुए अटल जी ने जो कुछ कहा वह उनका ऐतिहासिक भाषण बन गया है।

ऐतिहासिक भाषण

बहस का उत्तर देते हुए प्रधानमंत्री श्री अटल बिहारी वाजपेयी ने विपक्ष को आड़े हाथ लेते हुए कहा कि वह सिद्धांतविहीन, राष्ट्र की प्रगति में बाधक और अवसरवादी है। उन्हीं के शब्दों में :

"न भीतो मरणादस्मि केवलम् दूषितो यशः"

भगवान श्रीराम ने कहा था - "मैं मृत्यु से नहीं डरता। अगर डरता हूं तो बदनामी से डरता हूं, लोकापवाद से डरता हूं। मैं यह स्पष्ट कर देता हूं कि पार्टी तोड़कर, सत्ता के लिए नया सिद्धांतहीन गठबंधन करके अगर सत्ता हाथ आती है, तो मैं ऐसी सत्ता को चिमटे से छूना भी पसंद नहीं करूंगा। चालीस साल का मेरा राजनीतिक जीवन खुली किताब है। आज मैं आपको एक चेतावनी देना चाहता हूं। देश का क्या होगा? हम तो प्रतिपक्ष में बैठने के लिए तैयार हैं।

अध्यक्ष महोदय, जब मैं राजनीति में आया, मैंने कभी सोचा भी नहीं था कि मैं एम.पी. बनूंगा। मैं पत्रकार था; और जिस तरह की राजनीति चल रही है, वह मुझे रास नहीं आती। मैं छोड़ना चाहता हूं, मगर राजनीति मुझे नहीं छोड़ती है। फिर मैं विरोधी दल का नेता हुआ, आज प्रधानमंत्री हूं। थोड़ी देर बाद प्रधानमंत्री भी नहीं रहूंगा। प्रधानमंत्री बनते समय मेरा हृदय आनन्द से उछलने लगा हो, ऐसा नहीं हुआ। अब जब मैं सब कुछ छोड़-छाड़कर चला जाऊंगा, तब भी मेरे मन में किसी तरह की ग्लानि होगी, ऐसा होने वाला नहीं है।

हमारी शुभकामनाएं आपके साथ हैं। हम अपने देश की सेवा के कार्य में जुटे रहेंगे। हम संख्या-बल के सामने सिर झुकाते हैं और आपको विश्वास दिलाते हैं कि जो कार्य हमने अपने हाथ में लिया है, वह जब तक पूरा नहीं कर लेंगे, तब तक विश्राम से नहीं बैठेंगे, तब तक आराम से नहीं बैठेंगे, चैन नहीं लेंगे।

अध्यक्ष महोदय, मैं अपना त्यागपत्र राष्ट्रपति महोदय को देने जा रहा हूं।"

अटल जी ने राष्ट्रपति को त्यागपत्र सौंप दिया।

उनके बाद, जोड़-तोड़ करके 1 जून 1996 को संयुक्त मोर्चे के एच.डी. देवगौड़ा को प्रधानमंत्री बनाया गया। उनकी पारी 21 अप्रैल, 1997 को समाप्त हो गई।

21 अप्रैल, 1997 को आई.के.गुजराल प्रधानमंत्री बने। वे 18 मार्च, 1998 तक सत्तासीन रहे। इसके बाद देश को मध्यावधि चुनावों में धकेल दिया गया।

लखनऊ से चौथी बार

मासूम बच्चों, बूढ़ी औरतों, जवान मर्दों की लाशों के ढेर पर चढ़ कर जो सत्ता के सिंहासन तक पहुँचना चाहते हैं, उनसे मेरा एक सवाल है : क्या मरने वालों के साथ उनका कोई रिश्ता न था? न सही धर्म का नाता, क्या धरती का भी संबंध नहीं था? 'पृथ्वी माँ और हम उसके पुत्र हैं।' अथर्ववेद का यह मंत्र क्या सिर्फ जपने के लिए है, जीने के लिए नहीं?

आग में जले बच्चे, वासना की शिकार औरतें,
राख में बदले घर न सभ्यता का प्रमाण पत्र हैं,
न देशभक्ति का तमगा, वे यदि घोषणा-पत्र हैं तो पशुता के,
प्रमाण हैं तो पतितावस्था के, प्रमाण हैं तो पतितावस्था के,

ऐसे कपूतों से माँ का निपूती रहना ही अच्छा था।

निर्दोष रक्त से सनी राजगद्दी, श्मशान की धूल से भी गिरी है,
सत्त की अनियन्त्रित भूख रक्त-पिपासा ससे भी बुरी है।
पाँच हजार साल की संस्कृति : गर्व करें या रोएँ?
स्वार्थ की दौड़ में कहीं आज़ादी फिर से न खोएँ।

इस कविता के माध्यम से अटल जी ने वर्तमान राजनीति को एक चेतावनी दी है, जिस पर देश के सभी नेताओं को विचार करना चाहिए।

13वीं लोकसभा का चुनाव भी अटल जी ने लखनऊ से लड़ा। वे चौथी बार भी यहाँ से विजयी हुए। उन्होंने कांग्रेस के डॉ. कर्णसिंह को लगभग सवा लाख वोटों से शिकस्त दी। यह चुनाव 'राष्ट्रीय जनतांत्रिक गठबंधन' (एन.डी.ए.) ने एक एजेंडे के तहत लड़ा था।

अटल जी ने अपने गत प्रशासन के कार्यों और उपलब्धियों को देश की जनता के सामने सहज ढंग से प्रस्तुत किया। अक्टूबर 1999 में हुए इन चुनावों में भाजपा और सहयोगी दलों को 298 सीटें प्राप्त हुईं।

तीसरी बार प्रधानमंत्री

13 अक्टूबर, 1999 को राष्ट्रपति ने अटल जी को तीसरी बार देश के प्रधानमंत्री की शपथ दिलवाई उनके साथ कुछ और मंत्रियों ने भी शपथ ली।

अटल जी भारत में ही नहीं वरन् भारत के बाहर भी लोकप्रिय हो गए थे। यह उनकी लोकप्रियता और विदेश नीति की सिद्धहस्तता ही थी कि अमेरिकी राष्ट्रपति बिल क्लिंटन मार्च, 2000 में भारत-यात्रा पर आए। वे अटल जी के व्यक्तित्व से अत्यंत प्रभावित थे। उनकी बातचीत का परिणाम यह हुआ कि भारत-अमेरिका दोनों एक-दूसरे के निकट आए और दोनों देशों के संबंधों में मधुरता की मिठास घुली।

दूसरी ओर, भारत के पड़ोसी देश पाकिस्तान की राजनीति में एक बड़ा बदलाव हुआ। पाकिस्तान के प्रधानमंत्री नवाज शरीफ और सेनाध्यक्ष जनरल परवेज मुशर्रफ के बीच काफी समय से हो रही तनातनी में प्रधानमंत्री नवाज शरीफ बुरी तरह से पिछड़ गए। सेनाध्यक्ष ने अपनी सैनिक शक्ति का इस्तेमाल करते हुए उन्हें गिरफ्तार कर जेल भेज दिया। पाकिस्तान एक बार फिर से तानाशाही का शिकार हुआ, जिसका असर भारत-पाकिस्तान के संबंधों पर भी पड़ा।

उस समय भारतीय प्रधानमंत्री अटल बिहारी वाजपेयी पाकिस्तान से अपने संबंधों को सुधारने में लगे हुए थे। उन्होंने परवेज मुशर्रफ के साथ आपसी संबंधों को सुधारने व मजबूती प्रदान करने हेतु कई बार वार्ताएं भी कीं, लेकिन कोई भी सकारात्मक परिणाम देखने को नहीं मिला।

भारत-पाकिस्तान के बीच अशांति का माहौल बना हुआ था। भारत ने हमेशा से ही पाकिस्तान के साथ संबंधों को सुधारने के कई अथक प्रयास किए, लेकिन पाकिस्तान ने कभी भी कोई दिलचस्पी नहीं दिखाई; उल्टे वह भारत पर आरोप-प्रत्यारोपों की कहानी मढ़ता रहा है।

13 दिसंबर, 2001 का दिन भारतीय इतिहास में काले अध्याय के रूप में दर्ज है। इस दिन लश्करे-तैयबा के कुछ आतंकवादियों ने मिलकर संसद पर हमला किया, लेकिन भारत के बहादुर सुरक्षाकर्मियों ने अपनी बहादुरी का परिचय देते हुए, उन सभी आतंकवादियों को मार गिराया। आतंकवादियों के इस हमले में चार सिपाही और एक महिला कांस्टेबल शहीद हो गए।

चारों ओर इस आतंकवादी हमले की कड़ी भर्त्सना की गई। इन आतंकवादियों का हाल यह था कि ये भारत में अपनी वारदात को अंजाम देकर

पाकिस्तान में जा छिपते थे। अतः इस बात को देखते हुए भारत ने पाकिस्तान को चेतावनी देते हुए कहा कि वह अपने यहां आने वाले आतंकवादियों को शरण न दे, यदि वह ऐसा करता है तो उसके विरुद्ध कड़ी सैन्य कार्रवाई की जाएगी। इस चेतावनी के अलावा भारत ने पाकिस्तान को 20 ऐसे आतंकवादियों की सूची भी सौंपी, जो भारत में जघन्य अपराधों की सूची में शामिल थे।

बिगड़ते हालातों को देखते हुए भारत ने लगभग एक साल तक अपनी सेनाओं को सीमा पर तैनात कर दिया था। भारतीय प्रधान-मंत्री अटल बिहारी वाजपेयी एक शांतिप्रिय छवि के व्यक्ति हैं और जिनका उद्देश्य भारत ही नहीं, बल्कि संपूर्ण विश्व में शांति की स्थापना है। उस समय भी उन्होंने बड़े संयम से काम लिया। अटल जी की शांतिप्रियता की झलक उनके द्वारा रचित कविता 'जंग न होने देंगे' में देखने को मिलती है—

'हम जंग न होने देंगे!
विश्वशांति के हम साधक हैं, जंग न होने देंगें।
कभी न खेतों में फिर खूनी खाद फलेगी,
खलिहानों में नहीं मौत की फसल खिलेगी।
आसमान फिर कभी न अंगारे उगलेगा,
एटम से नागासाकी फिर न जलेगी।
युद्धविहीन विश्व का सपना भंग न होने देंगे,
जंग न होने देंगे।
हथियारों के ढेरों पर है जिनका डेरा
मुंह में शांति, बंगल में बम, धोखे का फेरा।
कफन बेचने वालों से कह दो चिल्लाकर,
दुनिया जान गई है उनका असली चेहरा।
कामयाब हों उनकी चालें, ढंग न होने देंगे,
जंग न होने देंगे।
हमें चाहिए शांति, जिंदगी हमको प्यारी,
हमें चाहिए शांति, सृजन की है तैयारी।
हमने छेड़ी जंग भूख से, बीमारी से,
आगे आकर हाथ बंटाए दुनिया सारी।
हरी-भरी धरती को खूनी रंग न लेने देंगे,
जंग न होने देंगे।

भारत-पाकिस्तान पड़ोसी, साथ-साथ रहना है,
प्यार करें या वार करें, दोनों को ही सहना है।
तीन बार लड़ चुके लड़ाई, कितना महंगा सौदा,
रूसी बम हो या अमेरिकी, खून एक ही बहना है।
जो हम पर गुजरी बच्चों के संग न होने देंगे,
जंग न होने देंगे।'

वास्तव में अटल जी, सत्य, अहिंसा और शांति की प्रतिमूर्ति हैं। उन्होंने हमेशा ही घृणा-द्वेष से परे शांति बनाए रखने का संदेश दिया है। जब अटल जी के नेतृत्व वाली सरकार का कार्यकाल अक्टूबर, 2004 को पूरा होने वाला था तो एन.डी.ए. नेताओं ने अप्रैल-मई में चुनाव कराने पर दबाव डाला। अटल जी ने सर्वसम्मति से एक अनुशासित कार्यकर्ता की भांति उनके निर्णय को स्वीकार कर लिया।

हालांकि अटल जी ने एन;डी.ए. कार्यकर्ताओं को समझाया भी कि कहीं हम 'अति उत्साह' और 'अति आत्मविश्वास' के शिकार हो जाएं। कार्यकर्ताओं के अति उत्साह का मुख्य कारण यह भी था कि 2003 में चार राज्यों में होने वाले विधानसभा के चुनाव में भारतीय जनता पार्टी को भारी बहुमत मिला था। इसी कारण कार्यकर्ताओं में यह उत्साह पैदा हो गया था कि लोकसभा चुनावों में भी उनकी पार्टी ही जीतेगी।

13 मई, 2004 को आने वाले लोकसभा चुनावों के परिणाम ने भारतीय जनता पार्टी की उम्मीदों को ध्वस्त कर दिया। जहां पार्टी को पूर्ण बहुमत हासिल करने की उम्मीद थी, वहीं उसे एन.डी.ए. को मिलाकर भी बहुमत हासिल न हो सका। इस संबंध में अटल जी ने अपने विचार कुछ यूं व्यक्त किए-

"हम जनमत का सम्मान करते हैं। हमें जनता से सरकार बनाने का सम्मान नहीं मिला। अतः हम विपक्ष में बैठेंगे और अच्छे विपक्ष की भूमिका निभाएंगे... मेरी पार्टी भले ही हार गई हो, लेकिन भारत विजयी हुआ है।"

अटल जी ने आरंभ से ही स्वच्छ राजनीति की और उन्होंने हमेशा ही 'समर्पण और अनुशासन' की भावना का पालन किया है। उनकी सबसे बड़ी विशेषता यह रही है कि उन्होंने स्वयं को लोभ, क्रोध, माया तथा मोह से दूर रखा है।

काँटों का ताज

अपनी इस ताजपोशी को अटल जी ने 'काँटों का ताज' की संज्ञा दी। इतनी सारी पार्टियों को एक सूत्र में बाँधकर चलना वाकई काँटों पर चलने जैसा है, लेकिन अटल जी ने धैर्य, साहस, दूरदर्शिता और विश्वास के साथ इसका बीड़ा उठाया और बड़ी कुशलता से इसे चलाया भी।

राष्ट्रकुल सम्मेलन

डरबन में आयोजित राष्ट्रकुल शिखर सम्मेलन में अटल जी ने पाकिस्तान समर्थित आतंकवाद को मजबूती से रखा और उसके विरुद्ध ज़बरदस्त माहौल बनाया। उन्होंने ब्रिटेन के प्रधानमंत्री ब्लेयर और महारानी एलिज़ाबेथ से मुलाकात कर भारतीय हितों की बात की।

भारत प्रगति के पथ पर

- जीवन स्तर और जनकल्याण संबंधी विभिन्न पहलुओं को दर्शाने वाले लगभग 70 सामाजिक सूचकों को शामिल करते हुए, भारत में राज्य स्तर पर मानव विकास सूचकांक और मानव निर्धनता सूचकांक पहली बार विकसित किए गए।
- जिला स्तर पर मानव विकास की स्थिति और प्रगति को दर्शाने वाली राज्य मानव विकास रिपोर्टों को प्रकाशित करने हेतु सभी राज्यों को सहायता दी गई।
- मानव विकास के आर्थिक, सामाजिक तथा पर्यावरणीय आयामों को शामिल करते हुए, 2007 तक प्राप्त किए जाने वाले अनुवीक्षणीय लक्ष्यों को पहली बार स्पष्टतया विनिर्दिष्ट किया गया है जिनमें अन्य के अलावा निम्नांकित शामिल हैं:–
  1. सभी बच्चों को पूरे 5 वर्षों तक स्कूली शिक्षा।
  2. प्रति 1000 जीवित जन्मे बच्चों की शिशु मृत्यु दर घटकर 45 हुई।
  3. सभी गाँवों को स्वच्छ पेय जल की निरंतर उपलब्धता।
- अनुवीक्षणीय लक्ष्यों के कार्यान्वयन पर विशेष बल देने हेतु 163 प्राथमिकता कार्यसूची और मुख्य क्षेत्रों को चिहिंनत किया गया।
- प्रधानमंत्री ग्रामोदय योजना शुरू की गई और ग्राम स्तर पर धारणीय मानव

विकास का लक्ष्य प्राप्त करने हेतु सभी राज्यों को 13,700 करोड़ रुपये की अतिरिक्त केन्द्रीय सहायता आवंटित की गई।

- किशोरियों के पोषण कार्यक्रम हेतु सभी राज्यों और संघ राज्य क्षेत्रों के 51 पिछड़े ज़िलों के लिए 394 करोड़ रुपये की अतिरिक्त केन्द्रीय सहायता आवंटित की गई।
- 4130 समूहों में लगभग 40,000 गाँवों को ग्रामीण क्षेत्रों में शहारी सेवाएँ उपलब्ध कराने संबंधी कार्यक्रम को सैद्धांतिक मंजूरी दी गई।

अंत्योदय अन्न योजना

प्रधानमंत्री श्री अटल बिहारी वाजपेयी का सपना है कि भारत का कोई भी बच्चा भूखे पेट न सोए। यही लक्ष्य है अंत्योदय अन्न योजना का। यह विश्व की सबसे बड़ी खाद्य सुरक्षा योजना है। आज़ादी के बाद पहली बार इतने अधिक गरीब लोगों को इतने सस्ते दामों पर अनाज उपलब्ध कराया जा रहा है।

परंतु यह सिर्फ एक शुरुआत है, विकसित भारत की ओर एक मजबूत कदम। एक ऐसा नया भारत जिसमें कोई भूखा न हो, गरीब न हो, बेरोज़गार न हो। जहाँ विकास की धारा हर घर तक पहुँचे। पिछले पाँच सालों में भारत ने काफी प्रगति की है, परंतु अभी भी बहुत कुछ होना बाकी है।

अंत्योदय अन्न योजना द्वारा 1.5 करोड़ अति गरीब परिवारों को यानी लगभग 7.5 करोड़ लोगों को 2 रुपये किलो गेहूँ और 3 रुपये किलो चावल की दर से प्रतिमाह 35 किलो अनाज उपलब्ध कराया जा रहा है।

किसान क्रेडिट कार्ड

आज़ादी के बाद पहली बार किसान क्रेडिट कार्ड योजना के अंतर्गत 3. 5 करोड़ किसानों को क्रेडिट कार्ड उपलब्ध कराए गए तथा 85,000 करोड़ रुपये का कर्ज़ स्वीकृत किया जा चुका है। 1.25 करोड़ कारीगर तथा बुनकर परिवारों के लिए क्रेडिट कार्ड की योजना शुरू की गई है।

'शहर यानी सुविधा और गाँव यानी असुविधा' यह देश की वास्तविकता है। प्रधानमंत्री श्री वाजपेयी का सपना है कि इस कड़वे सच को बदला जाए। और यह बदल भी रहा है। आज मोबाइल फोन, क्रेडिट कार्ड और इंटरनेट ग्रामीण क्षेत्रों में भी दिखाई देने लगे हैं। ब्याज की दरों में कटौती की गई है। फसल और आय बीमा का प्रावधान किया गया है। 50,000 करोड़ रुपये की

विशेष लागत से दूसरी हरित क्रांति के बीज बोए गए हैं। प्रधानमंत्री ग्राम सड़क योजना के अंतर्गत गाँवों में भी पक्की सड़कों का जाल बिछाया जा रहा है। मकान निर्माण में भी अभूतपूर्व तेजी आई है। 'सब पढ़ें सब बढ़ें' इस लक्ष्य की प्राप्ति के लिए 'सर्व शिक्षा अभियान' चलाया जा रहा है।

प्रधानमंत्री ग्राम-सड़क योजना

आज़ादी के पचास साल बाद भी देश में लगभग 1 लाख 80 हज़ार गांव सड़कों से वंचित रहे। पहली बार केन्द्र सरकार ने 60,000 करोड़ रुपये की प्रधानमंत्री ग्राम सड़क योजना पर काम शुरू किया। लक्ष्य है वर्ष 2007 तक 500 की आबादी वाली प्रत्येक ग्रामीण बस्ती को पक्की तथा बारहमासी सड़कों से जोड़ देना। अब तक लगभग 30,000 गांवों में ऐसी सड़के बन गई हैं।

प्रधानमंत्री का सपना है कि गांव और शहर के बीच के अंतर को मिटाया जाए। आज पूरे देश में विश्वस्तरीय चार लेन वाले राजमार्ग का जाल बिछाया जा रहा है। ऐसी ही अच्छी सड़कों का जाल ग्रामीण भारत में भी दिखाई देने लगा है। पक्की सड़क हो तो किसान की उपज तेजी से बाज़ार तक पहुंचती है, मरीज को जल्दी से अस्पताल पहुंचाया जा सकता है, बच्चों को स्कूल जाने में सुविधा होती है, सुख-दुःख में हाथ बंटाने के लिए एक-दूसरे के यहां आया-जाया जा सकता है। अच्छी सड़कों से ही गांवों की कायापलट संभव है।

पिछले पांच सालों में भारत ने काफी प्रगति की है, परंतु अभी भी बहुत कुछ होना बाकी है। हमें एक ऐसे विकसित भारत को बनाना है जिसमें कोई भूख न हो, गरीब न हो, बेरोजगार न हो।

देश के कुछ महत्त्वपूर्ण मुद्दों पर अटल जी की राय

स्वदेशी

"स्वदेशी से मेरा मतलब भरत को एक द्वीप बनाना नहीं है। न ही इसके जरिए हम भारत को दुनिया से अलग-थलग करना चाहते हैं। स्वदेशी का मतलब यह भी नहीं है कि हम नए विचार, आधुनिक तकनीक और विदेशी निवेश को भारत में नहीं आने देंगे।

स्वदेशी से हमारा मतलब है कठिन परिश्रम के जरिए मौजूदा संसाधनों का अधिकतम इस्तेमाल। साथ ही, इसके जरिए लोगों में आधुनिक और समृद्ध

भारत के निर्माण का भरोसा जगाना। स्वदेशी का मतलब भारत को विश्व शक्ति बनाना है। स्वदेशी यानी देसी अनुसंधान और विकास को मजबूत करना। स्वदेशी का मतलब अंततः भारत के सभी नागरिकों को ठीक-ठाक जीवन स्तर मुहैया कराना है। जो लोग यह कहते हैं कि हम दूसरों की मदद के बिना आगे नहीं बढ़ सकते, वे गलत हैं। हमारे पास प्रचुर प्राकृतिक संसाधन हैं। हमारे पास तकनीक कुशल श्रम है। विज्ञान और तकनीक के क्षेत्र में हमारी उपलब्धियां काबिले-गौर हैं। ऐसे में देश की क्षमताओं पर शक का कोई कारण नहीं है। लब्बो-लुआब यह कि भारत हर ऊंचाई छू सकता है और वह हर ऊंचाई हासिल करेगा।''

उदारीकरण

''राज्य नियंत्रित अर्थव्यवस्था की ओर लौटने की बात बेमानी है। पहले की व्यवस्था में ज्यादा उत्पादन के लिए निजी क्षेत्र को सराहने के बजाय हम उस पर 'कोटा का बोझ' लाद देते थे। जनसंघ के जमाने से ही मेरी पार्टी अर्थव्यव्था पर सरकारी नियंत्रण कम करने की बात करती आई है। जब भारत का हर राजनीतिक दल अर्थव्यवस्था के नेहरू मॉडल का गुणगान कर रहा था, तब जनसंघ इसे सरकारी नियंत्रण से आज़ाद करने की मांग कर रहा था। हालांकि, विकासशील मुल्कों में सरकारों की सामाजिक सेक्टर में महत्त्वपूर्ण भूमिका होती है। इन मुल्कों में सभी नागरिकों को स्वास्थ्य, शिक्षा, पोषण, पेयजल और आवास मुहैया कराने की ज़िम्मेदारी सरकार पर होती है। सड़क जैसी बुनियादी सेवा भी सरकार की जिम्मेदारी है।''

सार्वजनिक क्षेत्र

''इस बात की अनदेखी नहीं की जा सकती है कि सार्वजनिक क्षेत्र ने देश की अर्थव्यवस्था के विकास में योगदान दिया है। हालांकि, पेशेवर प्रबंधकों का वर्ग तैयार किए बिना इस क्षेत्र के बेलगाम विकास के कारण सार्वजनिक क्षेत्र की कई कंपनियां घाटे में चली गईं। इस कारण, कइयों को चलाना भी भारी पड़ने लगा। मेरा मानना है कि घाटे वाली जिन कंपनियों को फिर से खड़ा किया जा सकता है, उन्हें मदद देनी चाहिए। मैं नहीं चाहता कि पहले के बेलगाम विकास की नीति को कंपनियों को बंद करने की नीति से बदला जाए। हमारे लिए मजदूर के हितों की रक्षा सर्वोपरि है।''

विदेशी बहुराष्ट्रीय कंपनियां

''मैं और मेरी पार्टी–समृद्धि का भ्रम पैदा करने वाले उन विदेशी उत्पादों का विरोध करते हैं, जो सीमित तबके की मांग ही पूरी करते हैं। साफ कहें तो हम बेलगाम उपभोक्तावाद का विरोध करते हैं। यह मुट्ठी–भर महानगरी और ऊपरी तबके के लोगों को लुभा सकती है, लेकिन यह गांवों में बसने वाली 75 फीसदी आबादी की जरूरतों की अनदेखी करती है। दक्षिण–पूर्व एशिया के जिन मुल्कों ने तरक्की की है, उनकी बचत दरें बहुत ज्यादा रही हैं। ऐसे में हमें भी ऊंची बचत दर प्राप्त करने की कोशिश करनी चाहिए।''

विदेशी निवेश

''मैं यकीन दिलाना चाहता हूं कि देश की जरूरतों के मद्देनजर ही विदेशी निवेश के हर प्रस्ताव के बारे में फैसला लिया जाएगा। इनके बारे में फैसला करते वक्त मैं अपने देश के हितों का ख्याल रखूंगा। भारतीय उद्योग जगत बराबरी के अवसर की मांग कर रहा है। इसका मतलब स्थानीय उद्योगों को एक हद तक सुरक्षा मुहैया कराना है। मैं भी उनसे सहमत हूं। वैश्वीकरण की चुनौतियों से मुकाबले के लिए भारतीय उद्योगों को तैयारी के लिए वक्त दिया जाना चाहिए। अब तक वे संरक्षित बाज़ार में ऑपरेट करते आए थे। ऐसे में अचानक उन्हें अपने से ज्यादा पूंजी वाली कंपनियों के मुकाबले में झोंकना मुनासिब नहीं होगा। मैं भारतीय कंपनियों को बराबर का अवसर देने के हक में हूं। अमेरिका में नारा है – बी अमेरिकन बाय अमेरिकन। ऐसे में हम बी इंडियन बाय इंडियन क्यों नहीं कह सकते? विदेशी उत्पादों की धारा में बहने के बजाय क्यों न हम ग्लोबल भारतीय ब्रांड बनाएं?''

भ्रष्टाचार

''नैतिक रूप से सशक्त सरकार ही सुशासन दे सकती है। मौजूदा राजनीति में नैतिकता को बेहद हल्के ढंग से लिया जाता है। यह सिर्फ भारतीय राजनीति तक ही महदूद नहीं है, बल्कि विदेशों में, राजनीति इसका शिकार हुई है। राजनीति ज्यादा–से–ज्यादा पैसे पर निर्भर होती जा रही है। इसके साथ ही राजनीति से विचारधारा का भी लोप हो रहा है, लेकिन हमारे सोचने–भर से ही भ्रष्टाचार खत्म नहीं हो जाएगा। इस बुराई से हर स्तर पर लड़ने की जरूरत है। भ्रष्टाचार को खत्म करने की जंग राजनीति से धनबल के प्रभाव को खत्म

करने के साथ शुरू होनी चाहिए। दूसरे, इससे मुकाबले के लिए व्यापक स्तर पर चुनाव सुधार करने की जरूरत है।''

संविधान समीक्षा

''आजादी के इतने सालों बाद संविधान पर दूसरी बार नज़र डाली जानी चाहिए। संविधान समीक्षा के जरिए व्यवस्था में संस्थागत बदलाव करने की संभावनाएं तलाशनी चाहिए। कुछ लोगों ने राष्ट्रपति शासन प्रणाली की अच्छाइयों की ओर ध्यान दिलाया है, पर यहां यह सवाल उठता है कि भारत के लिए किस तरह की राष्ट्रपति शासन प्रणाली बेहतर साबित होगी।

आपको मालूम होगा कि सुप्रीम कोर्ट के आदेश के मुताबिक संविधान के बुनियादी ढांचे में किसी किस्म का बदलाव नहीं हो सकता। हमें इस बात का ख्याल रखना होगा। यह भी सच है कि मौजूदा ढांचे में कुछ बदलाव लाए जा सकते हैं। खासतौर पर सरकार के स्थायित्व के मामले में। उदाहरण के लिए हम लोकसभा चुनावों में मिले जनादेश को पांच साल तक के लिए अनिवार्य कर सकते हैं। इससे मध्यविधि चुनावों पर रोक लग जाएगी। इस मामले में जर्मन व्यवस्था पर विचार किया जा सकता है। इस व्यवस्था के तहत वर्तमान सरकार के खिलाफ अविश्वास प्रस्ताव नहीं लाया जा सकता, हालांकि, वैकल्पिक सरकार के समर्थन में विश्वास प्रस्ताव लाने का प्रावधान रखा गया है। हमें अस्थयित्व से निबटने के लिए कुछ-न-कुछ करना चाहिए।

चुनाव सुधार

''हमारे चुनाव तंत्र में कई खामियां हैं। बुनियादी खामी यह है कि सीटों की संख्या से पार्टी के जनाधार के बारे में सही जानकारी नहीं मिलती। वोट प्रतिशत ज्यादा होने पर भी मुमकिन है कि किसी राजनीतिक दल को बहुमत से काफी कम सीटें मिलें। इसके विपरीत, कम वोट प्रतिशत होने के बावजूद भी किसी दल के हाथ सत्ता लग सकती है। हाल के वर्षों में हमने क्षेत्रीय दलों का उभार और कांग्रेस जैसे राष्ट्रीय दल का उतार देखा है। इसकी क्या वजह हो सकती है?

आजादी के बाद दिल्ली में सत्ता के केन्द्रीकरण का चलन शुरू हुआ। मुख्य रूप से इसकी दो वजहें थीं। पहली, विभाजन का अनुभव और पांच सौ से अधिक प्रांतों और राज्यों को एकजुट कर देश का रूप देना। असल

में इसके जरिए कोशिश थी कि देश और न टूटे। उस वक्त कांग्रेस राज्य और केन्द्र दोनों ही स्तर पर सबसे ताकतवर पार्टी थी। राष्ट्रीय पार्टियां आम तौर पर राष्ट्रीय मसलों में उलझी होती हैं इसलिए क्षेत्रीय ख्वाहिशें की अनदेखी हुई। सत्ता के अति-केंद्रीकरण के कारण मामूली बातों पर राज्यों के मुख्यमंत्री केंद्र की ओर दौड़ने लगे। इन कारणों से राजनीति में क्षेत्रीय ताकतों का उभार हुआ। जब तक क्षेत्रीय दलों में राष्ट्रीय दृष्टि है, मुझे इनमें कोई बुराई नज़र नहीं आती।''

राज्यों तक सत्ता का विकेंद्रीकरण

''राजनीतिक और आर्थिक ताकतों का विकेंद्रीकरण होना चाहिए। निर्णय प्रक्रिया को सिर्फ केन्द्र तक सीमित नहीं रखा जा सकता। हम राज्यों को ज्यादा वित्तीय स्वायत्तता देने की बात कर रहे हैं। उसी तरह से राज्यों के हक में संसाधनों का नियांत्रण देने की भी चर्चा हो रही है। जहां तक राज्यपाल की नियुक्ति की बात है, इस पर राज्य के मुख्यमंत्री की सहमति होनी चाहिए। कहने की जरूरत नहीं है कि मैं धारा 356 के दुरुपयोग के खिलाफ हूं। अगर मौका मिला, तो मैं संविधान संशोधन के जरिए इसके दुरुपयोग को रोकने की कोशिश करूंगा। सरकारिया आयोग की सिफारिशों पर गर्द पड़ती रही। मेरी राय में उनमें से कइयों को अपडेट करने और उन पर अमल करने की जरूरत है।''

गठबंधन सरकार

''हमने अब तक मिलकर काम करने का हुनर नहीं सीखा है। किसी भी राजनीतिक दल में कोई शख्स बेरोक-टोक ढंग से काम नहीं कर सकता, इसी कारण पार्टिया टूटी हैं। ऐसे में पार्टियों के मिलकर काम करने की कल्पना कैसे की जा सकती है। मेरी राय में किसी भी राजनीतिक गठबंधन के केंद्र में एक बड़े राजनीतिक दल का होना जरूरी है। गठबंधन सरकार के लिए ऐसा होना जरूरी है। राज्यों में इस तरह के प्रयोग कामयाब रहे हैं। इस मामले में खासतौर पर पश्चिम बंगाल का जिक्र किया जा सकता है।

राष्ट्रीय सुरक्षा

''मेरी राय में राष्ट्रीय सुरक्षा को सर्वोच्च प्राथमिकता मिलनी चाहिए। भारत तीन युद्ध लड़ चुका है। हमारी ज़मीन के बहुत बड़े टुकड़े पर विदेशियों ने कब्जा कर रखा है। यही नहीं, हमारी सीमाओं पर लगातार खतरा बना हुआ है। राष्ट्रीय

सुरक्षा पर हमारी चिंताएं इन्हीं से उपजी हैं। अपनी क्षेत्रीय अखंडता और संप्रभुता बरकरार रखने के लिए हमें अपनी सीमाओं की सुरक्षा करनी होगी।''

विदेश नीति

''विदेश नीति के मामले मे हम हमेशा सर्वसम्मत राह पर चले हैं। भारत अपने पड़ोसी मुल्कों के साथ शांति और मैत्रीपूर्ण संबंध चाहता है। साथ ही, मैं यह भी कहना चाहूंगा कि भारत अपनी क्षमता के मुताबिक विश्व बिरादरी में स्थान हासिल करेगा।''

धर्म निरपेक्षता

''धर्म निरपेक्षता के जरिए हम भारत में सबके लिए समान अवसर और न्याय सुनिश्चित करेंगे। भारत को सर्व धर्म सम्भाव से प्रेरणा ग्रहण करनी चाहिए यानी यहां सभी धर्मों का आदर हो। राजसत्ता को किसी खास धर्म की तरफ नहीं झुका होना चाहिए। संविधान के मुताबिक, मुसलमानों को किसी दूसरे धर्म के अनुयायी की तरह बराबर अधिकार हासिल हैं। उनके जीवन, संपत्ति और सम्मान की रक्षा करने का हम वादा करते हैं।''

महिला अधिकार

''महिलाओं में आत्मविश्वास जगाने की जरूरत है। इसके बाद उनकी शिक्षा की बारी आती है। महिला राष्ट्रीय साक्षरता दर बेहद कम है। इसी तरह हमें दूसरी सामाजिक बुराइयों से लड़ने की जरूरत है। महिलाओं को पुरुषों के समान संपत्ति का अधिकार मिलना चाहिए। सत्ता में भी महिलाओं को भागीदारी मिलनी चाहिए।''

महिला आरक्षण

''मैं नौकरियों और विधायिका में महिला आरक्षण का समर्थन करता हूं। महिलाओं को विधायिका में 33 फीसदी आरक्षण देने वाला प्रस्तावित विधेयक संसद को पारित करना चाहिए।''

आबादी

''भारत की बढ़ती आबादी बहुत गंभीर समस्या है। इससे युद्ध स्तर पर निबटा जाना चाहिए। आबादी की समस्या से निबटने के लिए बहुआयामी उपायों की जरूरत है। पहले, लोगों में अभियान और शिक्षा के जरिए

जागरूकता लाई जानी चाहिए। इनके जरिए किस तरह से सकारात्मक परिणाम हासिल किए जा सकते हैं, इसका उदाहरण केरल है। दूसरे, आबादी नियंत्रण के लिए एक ओर कुछ प्रोत्साहन दिए जाएं, वहीं दूसरी ओर कुछ दंडों का भी प्रावधान किया जाए। हालांकि, अब तक धार्मिक भावनाओं को ख्याल में रखकर सरकारों ने दंडात्मक पहलू को नज़रअंदाज किया है।''

भारत-अमेरिका : दोस्ती की नई उड़ान

2004 के शुरुआत में भारत और अमेरिका ने उच्च तकनीक के क्षेत्र में आपसी सहयोग बढ़ाने के लिए एक नई सामरिक साझेदारी की घोषणा की। प्रधानमंत्री अटल बिहारी वाजपेयी और अमेरिकी राष्ट्रपति जॉर्ज बुश ने एक साथ इस आशय की एक सहमति की घोषणा करते हुए, इसे आपसी साझेदारी का एक नया दौर बताया। इस सहमति के तहत, दोनों देश असैनिक परमाणु व आंतरिक्ष कार्यक्रमों और उच्च तकनीक के क्षेत्र में आपसी सहयोग का नया युग शुरू करेंगे। इसके साथ ही दोनों मिसाइल सुरक्षा कार्यक्रम पर भी अपनी बातचीत जारी रखेंगे।

प्रधानमंत्री अटल बिहारी वाजपेयी ने इस आशय का बयान जारी करते हुए कहा कि भारत और अमेरिका के बीच सामरिक साझेदारी के लिए नए कदम उठाए गए। श्री वाजपेयी ने कहा कि नवम्बर 2001 में उन्होंने बुश के साथ सामरिक साझेदारी का रिश्ता विकसित करने का वादा किया था। तब से दोनों देशों ने कई क्षेत्रों में अपने द्विपक्षीय सहयोग को मजबूत किया।

प्रधानमंत्री वाजपेयी ने कहा कि भारत और अमेरिका तीन विशिष्ट क्षेत्रों-नागरिक परमाणु गतिविधियां, नागरिक अंतरिक्ष कार्यक्रमों और उच्च तकनीक व्यापार के क्षेत्र में सहयोग बढ़ाने को सहमत हो गए हैं। इसके अलावा दोनों देश मिसाइलों के हमले से बचाव के लिए मिसाइल रक्षा कार्यक्रमों में अपनी वार्ता को विस्तार देंगे। वाजपेयी ने कहा कि इन क्षेत्रों में सहयोग के लिए कई कदम उठाए जाएंगे। इसके तहत परमाणु नियम और सुरक्षा तथा मिसाइल सुरक्षा के मुद्दों पर एक समझौता भी शामिल होगा तथा दोनों देश अंतरिक्ष तकनीक के शांतिपूर्ण उपयोग के क्षेत्र में सहयोग बढ़ाने के उपायों पर संयुक्त विचार करेंगे। इसके अलावा उच्च तकनीक के व्यापार के लिए समुचित माहौल बनाने की कोशिश भी की जाएगी।

उधर अमेरिकी राष्ट्रपति जॉर्ज बुश ने वाशिगंटन में जारी अपने बयान में कहा कि दोनों देशों के बीच इस तरह के बढ़े हुए सहयोग से इनमें आपसी व्यावसायिक रिश्ता तो मजबूत होगा ही, दोनों देशों के बीच मैत्री भी मजबूत होगी। इसके अलावा इन कदमों से एशिया तथा इससे आगे भी स्थिरता को बढ़ावा मिलेगा। बुश ने कहा कि अमेरिका और भारत के बीच सामरिक साझेदारी की जिस दृष्टि से उनके और वाजपेयी के बीच सहमति बनी है, वह अब वास्तविकता बन रही है।

उन्होंने कहा कि भारत और अमेरिका के बीच रिश्ते मजबूत हो रहे है; क्योंकि दोनों के विचारों में समानता है और उनके हित भी समान हैं। अमेरिकी राष्ट्रपति ने इसका कारण यह बताया कि दोनों देश विश्व शांति में विश्वास करते हैं तथा आतंकवाद के खिलाफ साझी लड़ाई लड़ रहे हैं। साथ ही दोनों देश जनसंहार के हथियारों के प्रसार पर नियंत्रण लगाने में भी समान रूप से रुचि ले रहे हैं।

भारतीय प्रधानमंत्री ने नई दिल्ली में यह भी कहा कि जनसंहार के हथियारों के प्रसार को रोकने के लिए सम्बद्ध कानूनों और प्रक्रियाओं को मजबूत किया जाएगा और इन क्षेत्रों में द्विपक्षीय और अंतर्राष्ट्रीय सहयोग बढ़ाने की कोशिश भी की जाएगी। ये सहयोग अपने-अपने देशों के कानूनी प्रावधानों तथा अंतर्राष्ट्रीय दायित्वों के अनुरूप किए जाएंगे।

प्रधानमंत्री ने कहा कि दोनों देशों के बीच सहयोग के इन कार्यक्रमों की घोषणा में भारत और अमेरिका के रिश्तों को नया आयाम दिया जा सकेगा। ये समझौते दोनों देशों के रिश्तों में मील का पत्थर साबित होंगे। वाजपेयी के अनुसार, 'हम अंतर्राष्ट्रीय शांति व स्थिरता को बढ़ाने के लिए मिलकर काम कर रहे हैं और आतंकवाद के खिलाफ लड़ाई में साझीदार हैं।'

भारत-पाक शांति की उड़ान

इस्लामाबाद में जिन्ना कन्वेंशन सेंटर के ऊंचे गुंबद वाली छत के नीचे प्रधानमंत्री अटल बिहारी वाजपेयी नीति के क्षेत्र में अपना सबसे बड़ा जुआ खेलने जा रहे थे। 4 जनवरी, 2004 को जब वे दक्षिण एशियाई क्षेत्रीय सहयोग संगठन (दक्षेस) के शिखर सम्मेलन में आए नेताओं को संबोधित कर रहे थे, तो विदेश नीति संबंधी उनके सलाहकार, पाकिस्तानी प्रधानमंत्री मीर ज़फ़रुल्ला ख़ान जमाली के साथ कथित 'शिष्टाचार भेंट' के लिए एजेंडे को अंतिम रूप

देने में लगे थे। शिखर सम्मेलन में प्रतिनिधियों के बीच बैठे विदेश मंत्री यशवंत सिन्हा और राष्ट्र सुरक्षा सलाहकार ब्रजेश मिश्र पाकिस्तान में भारत के उच्चायुक्त शिवशंकर मेनन के साथ लगातार सलाह-मशविरे में लगे थे।

वाजपेयी पाकिस्तान के साथ भारत के संबंधों को शांति के उस मार्ग पर आगे ले जाना चाहते थे, जहां हाल के दिनों में कभी नहीं पहुंच पाए थे। यह, बकौल उनके, उनका तीसरा और अंतिम प्रयास होगा। प्रधानमंत्री और उनके सहयोगी जानते हैं कि इतिहास उनके विरुद्ध है। पाकिस्तान के साथ संबंध सुधारने के वाजपेयी के दो बड़े प्रयास विफल हो चुके हैं। लाहौर बस यात्रा का नतीजा कारगिल में पाकिस्तान की दगाबाजी के रूप में निकला और आगरा शिखरवार्ता की विफलता के बाद दोनों देशों के बीच भरोसा पूरी तरह टूट गया था, पर वाजपेयी एक बार फिर हाथ आजमाने को तैयार थे। उन्होंने दक्षेस शिखर सम्मेलन में जुटे नेताओं से कहा, "इतिहास हमें याद दिला सकता है, हमारा मार्गदर्शन कर सकता है, हमें सिखा सकता है या चेतावनी दे सकता है। मगर हमें बेड़ियां नहीं डाल सकता।"

उद्घाटन सत्र की समाप्ति के बाद वाजपेयी कन्वेंशन सेंटर में बने एक कक्ष की ओर बढ़े, जहां जमाली भी पहुंच गए। पाकिस्तान के प्रधानमंत्री ने वाजपेयी के हाथों को गर्मजोशी से अपने हाथों में लिया और कहा, "हमारे हाथ मिलें, तो काफी ताकत हो जाती है। इसे आसानी से तोड़ा नहीं जा सकता।" यह बात सही साबित हुई। अगले दो दिनों में वाजपेयी और पाकिस्तानी राष्ट्रपति परवेज़ मुशर्रफ के बीच एक घंटे की महत्त्वपूर्ण बातचीत समेत ताबड़-तोड़ हुई वार्ताओं के बाद एक नई समझ उभरकर सामने आई। दक्षेस का 12वां शिखर सम्मेलन खत्म होने के तुरंत बाद भारत ने पाकिस्तान से बातचीत की प्रक्रिया दोबारा शुरू करने की घोषणा की। इससे दोनों देशों के बीच राजनयिक संबंधों में दो साल से चली आ रही कटुता खत्म हुई, जिसके चलते कई मौकों पर दोनों देश युद्ध के करीब पहुंच गए थे।

स्पष्ट था कि दोनों देशों ने सोच-समझकर अतीत की गलतियां न दोहराने का फैसला किया है। ऐसे मौकों पर अमूमन सामने आने वाली कटुता, दावे-प्रतिदावे और एक-दूसरे को नीचा दिखाने की हरकतें इस दफा नहीं दिखीं। इसके बजाय दोनों ओर के प्रमुख वार्ताकारों ने ऐसे बयान दिए, जो एक-दूसरे के पूरक मालूम पड़ रहे थे और जिससे आभास मिला कि दोनों पक्ष किस तरह तालमेल से अपना काम कर रहे हैं। खुश दिखते मुशर्रफ ने जहां

इस मौके पर ''इतिहास रचे जाने'' की घोषणा की, वहीं वे यह सफाई देने से भी नहीं चूके कि ''यहां कोई विजेता या पराजित नहीं है। यह दोनों ओर के लोगों के लिए शांति और समृद्धि लाने वाली जीत है।'' ऐसे मौकों पर वाजपेयी कोई टिप्पणी करने से परहेज करते हैं, पर उनके प्रधान सचिव ब्रजेश मिश्र ने इस फैसले को ''दोनों देशों की जीत'' करार दिया।

यह सही है कि ताज़ा पहल से पिछले 56 साल से लड़ते-झगड़ते आ रहे दोनों देशों के बीच शांति स्थापित करने का सर्वोत्तम मौका मिला है। तनाव घटने से दोनों देशों को तुरंत ही प्रतिरक्षा के बजाय आर्थिक विकास पर ध्यान देने में मदद मिलेगी। इससे दोनों में अगली पीढ़ी की उन भावनाओं की पुष्टि होगी कि बंटवारा इतिहास का हिस्सा है और उसकी कटुता केवल उनके माता-पिता याद करते हैं। दिल्ली में उप-प्रधानमंत्री लालकृष्ण आडवाणी ने भारत और पास्तिान के लोगों को इस 'ऐतिहासिक कदम' पर बधाई दी। अमेरिका समेत दुनिया-भर के देशों ने भी इसका स्वागत किया। भारत और पाकिस्तान इस पर खासे खुश हैं, तो उनके सतर्क रहने की वजह भी समझ आती है। यह अच्छा संकेत हैं। मुशर्रफ का कहना था कि यह ''महज शुरुआत है, अंत नहीं और हमें कड़ी मेहनत, ईमानदारी और भरोसे के सहारे आगे बढ़ना होगा।''

बहरहाल, भारत और वाजपेयी के लिए यह कदम खास जोखम-भरा है और इससे हारने सरीखी नौबत भी आ सकती है। इसका उलटा असर भी हो सकता है। मुशर्रफ द्वारा नीचा दिखाए जाने से नाखुश कश्मीरी कट्टरपंथी शांति प्रक्रिया में बाधा डालने का हरसंभव प्रयास करेंगे। इसके तहत आतंकवादी बड़े हमले कर सकते हैं, जिससे भाईचारे का माहौल बिगड़ने के साथ ही वाजपेयी की पहल की भी अग्निपरीक्षा हो सकती है।

अत: प्रधानमंत्री की टीम ने इतिहास के सबक याद रखे। इस बार उन्होंने उस जल्दबाजी से परहेज किया, जिसके कारण पिछले दो प्रयास निरर्थक रहे थे और कटुता बढ़ गई थी। इसकी बजाय वे मौके पर राजनीति तैयार करने के साथ-साथ 'कदम-दर-कदम आगे बढने' के जुमले पर जोर देते रहे। इसे मूलत: इस तरीके से रचा गया था कि शुरुआत भरोसा बहाल करने के उपायों से हो, जिनसे पाकिस्तान के साथ भारत के संबंध वैसे ही बहाल हो जाएं, जैसे 13 दिसम्बर, 2001 को संसद पर हमले से पूर्व थे और यदि संभव हो तो दोनों देशों के बीच आवाजाही के नए तरीकों की तलाश सरीखे उपायों के जरिए यह प्रक्रिया आगे बढ़ाई जाए। पाकिस्तान ने नियंत्रण रेखा

पर संघर्ष विराम का जो प्रस्ताव रखा था और उसे समूची सीमा तक बढ़ाने पर जो सहमति जताई, उसके चलते पहली बार सियाचिन समेत सभी क्षेत्रों में तोपें शांत हुई। इसके साथ ही सीमा पार से आंतकवाद में उल्लेखनीय गिरावट दर्ज की गई।

इसके बावजूद भारत को जेहादियों के विरुद्ध कार्रवाई करने संबंधी पाकिस्तान की घोषणा पर संदेह था। बड़ी चिंता यह थी कि आतंक के ढांचे और अस्त्रों को तोड़ने के बजाय उन्हें अस्थायी तौर पर हटा लिया गया है। साथ ही मुशर्रफ के जाल में फंसने का भय भी था कि ज़मीनी स्तर पर कोई ठोस कदम दिखने के पहले बातचीत की मेज पर बुला लिया जाए। बातचीत शुरू हो जाने के बाद वे अपनी फौज को आतंकवादी गतिविधियों में तेजी या कमी लाने का मनचाहा आदेश देकर बातचीत का अंजाम तय कर सकते थे, जिनसे भारत के सामने कुछ ही विकल्प बचते। सो, इस्लामाबाद जाने से पूर्व कुछ हफ्तों से भारतीय दल ने देश की असली चिंता यानी सीमा पार से आतंकवाद पर मुशर्रफ की गारंटी हासिल करने के लिए कुछ गैर-पारंपरिक व अप्रत्याशित कदम उठाए।

इसके पीछे विचार सीधा-सादा है। पाकिस्तान से भारत के उतार-चढ़ाव भरे संबंधों के दौरान पहली बार भारत ने पाकिस्तानी सत्ता प्रतिष्ठान के सभी स्तरों पर संपर्क का प्रयास किया, क्योंकि पाकिस्तान में आतंकवादियों के प्रशिक्षण शिविर नष्ट करने संबंधी भारत की प्रमुख चिंता के लिए मुशर्रफ के अलावा और भी कई स्तरों पर कार्रवाई होनी है। इस दौरे को उप-प्रधानमंत्री लालकृष्ण आडवाणी का भी वरदहस्त हासिल था। इस्लामाबाद जाने से पहले मिश्र ने नॉर्थ ब्लॉक जाकर आडवाणी से वहां उठाए जाने वाले कदमों के बारे में एक घंटे का मशविरा किया।

उसमें पाकिस्तान में चल रहे आतंकवादी शिविरों के अलावा और कई मुद्दों पर चर्चा हुई। कम ही लोगों ने गौर किया कि नियंत्रण रेखा पर संघर्ष विराम के जरिए पाकिस्तान ने सरहद के 22 बिंदुओं पर- जहां से आतंकवादियों की घुसपैठ होती थी- बाड़ लगाने की गुपचुप इजाजत दी। यही दोहरी बाड़ अंतर्राष्ट्रीय सीमा का प्रतीक होती है, जिससे आतंकवादी घुसपैठ करने में नाकाम होंगे। यदि भारत इसे जल्दबाजी में लगा पाया, तो मई में बर्फ पिघलना शुरू होने से पहले गृह मंत्रालय नियंत्रण रेखा पर महत्त्वपूर्ण अवरोध खड़े करने मं सफल हो जाएगा।

इसके अलावा भी अनेक कारक मुशर्रफ और पकिस्तान को आतंकवाद का स्त्रोत बंद करने पर मजबूर कर रहे थे। तालिबान का तख्ता पलटते ही वह जेहादी त्रिकोण खत्म हो गया था, जिसके चलते पाकिस्तान भारत का कट्टर दुश्मन बन गया था। पाकिस्तान के रजाकारों की फौज, जिसे अफगानिस्तान ले जाकर खासकर अल-कायदा ने कश्मीर समेत दुनिया के बाकी हिस्सों में भेजने से पहले आतंकवादी गतिविधियों का प्रशिक्षण दिया था। उधर, अल-कायदा के प्रमुख नेताओं की धर-पकड़ के लिए अमेरिका का दबाव बढ़ने से पाकिस्तान अपने यहां स्थित उनके शिविर बंद करने पर मजबूर हुआ। इस बीच, ईराक युद्ध के चलते कट्टरपंथी भारत को अमेरिका के मुकाबले इस्लाम के लिए छोटा खतरा मानने पर बाध्य हुए और कश्मीर को इलाकाई झगड़ा मानने लगे।

मगर असली खतरा यह था कि पाकिस्तान ने जिस दैत्य को पाला-पोसा था, वह अब अपने जन्मदाताओं पर झपटने लगा था। जैसा कि परवेज़ मुशर्रफ ने स्वयं स्वीकार किया, ''पाकिस्तान की शांति को ज्यादा ख़तरा अंदरूनी ताकतों से है।'' पाकिस्तानी राष्ट्रपति पर अतीत में हुए दो जानलेवा हमलों से, जिनमें वे बाल-बाल बच गए, यह साबित हुआ कि कुछ तत्त्व किस कदर बेकाबू हो गए हैं। इन हमलों से मुशर्रफ को अपनी जान पर खतरे का अहसास हुआ, उन्होनें भले ही इसे गंभीरता से न लेते हुए कहा हो, ''मुझे नौ जिंदगियां मिली हैं और अभी वे पूरी नहीं हुईं।'' मगर अपनी सुरक्षा के लिए मुशर्रफ को ऐसे तत्त्वों की लगाम कसनी होगी। बहरहाल, इससे भारत की यह चिंता कम नहीं हो जाती कि मुशर्रफ ऐसे कुछ तत्त्वों को भारत के खिलाफ हमले करने से रोक नहीं सकते।

बहरहाल, मुशर्रफ ने इस साल के आखिर तक सेना प्रमुख का पद छोड़ने का समझौता करके राजनीतिक तौर पर अपनी स्थिति मजबूत कर ली है। सीनेटर और पूर्व सूचना मंत्री मुशाहिद हुसैन कहते हैं, ''कोई सियासी पार्टी भारत से टकराव नहीं चाहती।'' वे संकेत करते हैं कि इस बार वाजपेयी की लाहौर यात्रा के दौरान उनके खिलाफ कोई प्रदर्शन नहीं हुआ।

देश में शांति समर्थकों की तादाद खासी बढ़ गई है। इसका सबूत यह तथ्य है कि पीपीपी और पीएमएल (एन) ने भी, जिन्होंने सरकारी मामला होने के कारण दक्षेस शिखर सम्मेलन का बहिष्कार किया था; शिव शंकर मेनन की ओर से वाजपेयी को दावत के दौरान उनका स्वागत किया और उनके नेतृत्व तथा शांति की पहल में विश्वास जताया। यह समझ बढ़ रही है कि 'भारत

को लहुलुहान' रखने के सिद्धांत का उल्टा असर हो रहा है और ऐसा आतंकवादी दैत्य तैयार हो रहा है, जो देश में गड़बड़ी मचाने पर आमादा है।

मुशर्रफ खुद को जनरल अयूब ख़ान जैसा बनाना चाहते हैं, जिनके शासन काल में आर्थिक समृद्धि बढ़ी थी। भारतीय अर्थव्यवस्था में उफान देखकर उन्हें लगता है कि पाकिस्तान पीछे न रह जाए। महत्त्वपूर्ण है कि पाकिस्तान के ज्यादातर व्यापारी उनकी राय से सहमत हैं। अब वे भारत के साथ होड़ लगाने से डर नहीं रहे और इस क्षेत्र को विशाल बाज़ार के रूप में देख रहे हैं इसलिए शिखर सम्मेलन में साफ्टा समझौता आसानी से पारित हो गया। अब बहुत बड़ा वर्ग आर्थिक विकास चाहता है।''

खासकर कारगिल युद्ध और 11 सिंतबर की घटना के बाद पाकिस्तान के युवाओं में भी काफी बदलाव आया है। उनमें से अनेक चाहते हैं कि पाकिस्तान अंतर्राष्ट्रीय समुदाय में अलग-थलग पड़ने के बजाय एकीकृत हो। यहां की युवा पीढ़ी भी जीवन में बेहतर करने की ख्वाहिश रखती है और मानती है कि शांति से ही अर्थव्यवस्था का विकास संभव है। यहां के अधिकतर लोगों का कहना है, ''हम भारत के साथ झगड़े से आजिज़ आ चुके है।। हम अमन चाहते हैं ताकि हम बाहर जाकर अच्छी नौकरी पा सकें।''

स्थिति भारत के नियंत्रण में है, यह तब स्पष्ट हो गया, जब वाजपेयी विमान से हाइड्रॉलिक एलिवेटर के बजाय सीढ़ियों से नीचे उतरे। जमाली के साथ उनकी मुलाकात अच्छी तो रही, लेकिन भारतीय प्रतिनिधि मंडल को मालूम था कि पाकिस्तान के असली प्रभावशाली व्यक्ति, मुशर्रफ के साथ वाजपेयी की 'अनौपचारिक भेंट' असल परीक्षा होगी। आगरा शिखर-सम्मेलन की विफलता के बाद दोनों ने एक-दूसरे से बात नहीं की थी। मुशर्रफ ने 2002 में काठमांडू दक्षेस शिखर सम्मेलन में वाजपेयी से आगे बढ़कर हाथ मिलाया था। लेकिन तब भारतीय प्रधानमंत्री माफ करने और बातों को भुलाने के मूड में नहीं थे।

इस बार वाजपेयी के पास आगे कदम बढ़ाने के ढेर सारे कारण थे। सबसे गंभीर किस्म के उकसावे के बाद सैन्य विकल्प के इस्तेमाल का इरादा छोड़ने के बाद प्रधानमंत्री ने महसूस किया कि आक्रामक कूटनीति के फायदे कम होते जा रहे हैं। इसके अलावा, कश्मीर में मुफ्ती मोहम्मद सईद सरकार बनने के बाद उम्मीद की नई किरण दिखने लगी है और वाजपेयी चाहते थे कि देश यह स्थिति भुनाए। इस बीच, मुशर्रफ ने पाकिस्तान में अपनी स्थिति मजबूत कर

ली है और वाजपेयी को मालूम था कि नतीजे हासिल करने हैं, तो उनके साथ काम करना होगा। फिर अंतर्राष्ट्रीय, खासकर अमेरिका का दबाव था कि भारत पाकिस्तान से बात करे, दक्षेस सम्मेलन से पहले अमेरिकी राष्ट्रपति जॉर्ज बुश ने उम्मीद जताई थी कि दोनों नेता कुछ-न-कुछ हल निकाल लेंगे।

ऐवान-ए-सदर के झाड़-फानूस लगे चैंबरों में दोनों नेताओं के अपने सहयोगियों के साथ मुलाकात के दौरान सहृदयता और निष्कपटता लौट आई। वाजपेयी ने परिवर्तन करने पर काफी बातचीत की। वे चाहते थे कि दोनों देश आपसी विश्वास बनाने के लिए वैसे ही उपाय करें जैसे उन्होंने पिछले साल 18 अप्रैल को दोस्ती का हाथ बढ़ाकर शुरू किए थे। बैठक करीब एक घंटे तक चली और यह स्पष्ट है कि इस बैठक को अनौपचारिक कतई नहीं का जा सकता है।

वाजपेयी और मुशर्रफ के सहज होने के साथ ही मुशर्रफ ने कहा कि योजनाबद्ध वार्ता के जरिए प्रक्रिया को आगे बढ़ाया जाना चाहिए, लेकिन पहले गच्चा खा चुका भारतीय खेमा हिचक रहा था, लेकिन जाहिरा तौर पर पाकिस्तान आतंकवाद को रोकने के लिए खुलेआम सहमति जताकर इस मामले में आगे बढ़ने को तैयार था। मुशर्रफ ने कह दिया कि कश्मीर घाटी में उनकी 'बात का वज़न' है, लिहाजा वे संघर्ष विराम का आह्वान करने को तैयार हैं। इस तरह पाकिस्तान ने जम्मू-कश्मीर में अपनी भूमिका परोक्ष रूप से स्वीकार कर ली।

भारतीय पक्ष को अहसास हो रहा था कि पाकिस्तान, जेहादियों को केवल नैतिक और कूटनीतिक समर्थन देने की 1988 के पहले की नीति पर लौट रहा है। मुशर्रफ ने हाल ही में खुलेआम कहा था कि वे भविष्य की वार्ताओं में जनमत संग्रह की लफ्फाजी छोड़ने को तैयार हैं यानी वे कश्मीरी लोगों की आकांक्षा पूरी करने के लिए घिसे-पिटे तरीके छोड़कर नए रास्ते तलाशने को तैयार हैं। उस नए रवैये के साथ ही संयुक्त वार्ता शुरू करने के समझौते में साफ कहा गया है कि कोई भी समाधान दोनों देशों के लिए संतोषजनक होना चाहिए। उसमें 'कश्मीरी लोगों की इच्छाओं के अनुरूप' का कोई जिक्र नहीं है। सरकार सिर्फ यही तर्क दे रही है कि कश्मीर मामले में भारतीयों को वार्ता के लिए राजी करके वह आतंकवादियों को राहत और यह उम्मीद दिला रही है कि वे खून बहाए बगैर अपने लक्ष्य साध सकते हैं। खून-खराबे की वजह से अनेक लोगों की जान गई और खासा भ्रम पैदा हुआ है।

हालांकि इस्लामाबाद में उदारवादी लोग मेल-मिलाप की बात कर रहे हैं, पर एक बड़े वर्ग ने सख्त रूख अपनाते हुए मुशर्रफ पर कश्मीर मामले में 'बिकने' का आरोप लगा दिया। इससे कोई फर्क नहीं पड़ा कि दक्षेस शिखर सम्मेलन में न तो मुशर्रफ और न ही जमाली ने कश्मीर का जिक्र किया। वैसे मुशर्रफ ने आतंकवाद का मुद्दा न उछालकर अपनी प्रतिक्रिया जता दी। उर्दू अखबार भी लिख रहे थे कि पाकिस्तान ने कश्मीर मामले को वाशिंगटन में भी न उठाने का वादा किया है, पर किसी अधिकारी ने इसकी पुष्टि नहीं की। इसके बावजूद, पाकिस्तान में व्यापार की खातिर कश्मीर को 'किनारे लगाने' के मामले में दबा गुस्सा दिख रहा है, जिससे परेशानी वाले रुझान का पता चलता है : पाकिस्तान में सरकार के उपाय के बारे में आम सहमति की कमी और भविष्य में इसके नतीजे निकल सकते हैं।

आशंका है कि मुशर्रफ के नए रुख से फौज में गुस्सा भड़क सकता है। वहां प्रभावशाली वर्गों को निरंतर तनाव और पाकिस्तान के अपनी रक्षा पर मोटी रकम खर्च करने से काफी फायदा हुआ है। उसमें किसी तरह की कटौती से प्रभावशाली सेवानिवृत्त और मौजूदा जनरल नाराज हो सकते हैं, जिन्होंने कारोबार समेत विभिन्न क्षेत्रों में दांव लगा रखें है। ऐसे में मुशर्रफ का हश्र मिस्र के अनवर सादात जैसा हो सकता है। पाकिस्तानी राष्ट्रपति संभवत: अमेरिका हितों की रक्षा करने का स्वांग भरकर समय काट रहे हैं ताकि मौका मिलते ही फिर अपनी कार्रवाई तेज कर सकें।

इस तरह के पूर्वाग्रहों से पार पाकर वाजपेयी ने अपनी टीम को मसौदा बनाने के लिए राजी कर लिया। फिर उन्होंने मुशर्रफ को फोन कर कहा कि वे प्रस्ताव से सहमत हैं। उन्होंने एक-दूसरे को बधाई दी और समझौते को सफल बनाने का प्रण किया। उन्होंने मुशर्रफ से यह भी कहा कि वे खुद पर हमलों से बचने की ठीक सुरक्षा व्यवस्था करें। उन्होंने तहेदिल से एक-दूसरे को अलविदा कहा।

वैसे, यह बहुत बड़ा दांव लगता है। भारत ने सतर्क रुख अपनाकर नुकसान कम करने की कोशिश की है। उसने वार्ता के लिए समय सारिणी की घोषणा करने की पाकिस्तानी मांग मान ली, लेकिन यह ब्यौरा छोड़ दिया कि वार्ता किस स्तर की होगी और किस तरह चलेगी। इस तरह भारत ने यह तय कर दिया है कि मुशर्रफ निकट भविष्य में अपने वादे पूरे करें। पाकिस्तान के कई लोगों ने भारत के संयम की तारीफ की। पूर्व विदेश सचिव नियाज़ नाईक का

कहना है, ''चरणबद्ध और खामोशी के साथ उपयोगी मुद्दों को उठाते हुए अतीत के साए से हटकर बात करना अच्छा है। इस पर समझदार लोगों की अच्छी बैठक हुई है।''

मुशर्रफ वार्ता शुरू करने के समझौते को 'उड़ान की स्थिति' करार देते हैं। अब यह तय करने का जिम्मा उनका है कि भारत-पाकिस्तान की शांति की उड़ान सफल हो।

पाकिस्तान में बेहद लोकप्रिय अटल जी

यह बात कुछ विचित्र लग सकती है, पर काफी हद तक एक सच्चाई है कि प्रधानमंत्री अटल बिहारी वाजपेयी पाकिस्तान में बेहद लोकप्रिय हैं। सार्क शिखर सम्मेलन के दौरान पाकिस्तान के मीडिया में चल रही चर्चाओं में, जिनका नजारा टेलीविजन पर देखने को मिला, वाजपेयी एक ऐसे शक्तिशाली राजनेता के रूप में उभरे हैं, जो पाकिस्तानियों की नज़र में कश्मीर का मसला सुलझाने की योग्यता और सामर्थ्य रखते हैं।

पाकिस्तान के अखबारों और टेलीविजन में वाजपेयी के भाषणों की लगातार समीक्षाएं आती रहती हैं। इन मीडिया रिपोर्टों को अगर सही मानें, तो लगता है कि यहां का आम आदमी तक यही सोच रहा है कि अगर वाजपेयी के शासनकाल में कश्मीर का मसला न सुलझा, तो फिर कभी नहीं सुलझेगा।

पाकिस्तानियों के एक बड़े वर्ग का मानना यह है कि वाजपेयी एक उदार राजनेता, कवि और संवदेनशील व्यक्ति हैं, जिन्हें भारत में इतनी लोकप्रियता प्राप्त है कि वे कश्मीर मसले पर लीक से हटकर कोई समाधान ढूंढ़ सकते हैं। पाकिस्तान की एक प्रमुख राजनीतिक समीक्षक नसीम ज़ोहरा, जिन्होंने पिछले दिनों पीटीवी के लिए प्रधानमंत्री वाजपेयी का चर्चित इंटरव्यू किया था, मानती हैं कि अटल बिहारी वाजपेयी ने पाकिस्तान में इतनी आशाएं और अपेक्षाएं पैदा कर दी हैं कि उन्हें कुछ करके दिखाना होगा।

पाकिस्तान के सूचना एवं प्रसारण मंत्री शेख़ फ़रीद राशिद अहमद का मानना है कि वाजपेयी के बिना भारतीय जनता पार्टी लोकसभा का आगामी चुनाव नहीं जीत सकती। उनका व्यक्तित्व इतना बड़ा है कि वे कोई भी ऐसी राजनीतिक पहल कर सकते हैं, जिससे इस इलाके में स्थायी शांति आ सकती है। ये वही राशिद अहमद हैं, जिन्होंने एक भारतीय टेलीविजन चैनल के साथ बातचीत में कहा था, ''मुझे नहीं मालूम कि वाजेपयी जी ऊंचा सुनते हैं।''

उनके इसी अशालीन व्यवहार के कारण भारत सरकार ने इस्लामाबाद में वाजपेयी की मेजबानी के लिए मंत्री के रूप में उनका नाम सामने आने पर इसका विरोध किया और दूसरे मंत्री को वाजपेयी की मेजबानी के लिए रखने का पाकिस्तान सरकार से अनुरोध किया।

पाकिस्तान के कुछ पत्रकारों का ही नहीं, नेताओं का भी यह मत है कि वाजपेयी कुछ ऐसा काम करना चाहते हैं, जिससे इतिहास मे उनका नाम अमर हो जाए। वे सचमुच शांति और अमन के पक्षधर हैं इसलिए उन्होंने दो बार विफल होने के बावजूद शांति कायम करने की अपनी कोशिशें नहीं छोड़ीं। कुछ पाकिस्तानी पत्रकार मज़ाक में कहते हैं कि वाजपेयी अगर पाकिस्तान में चुनाव लड़ें, तो जीत जाएंगे। वाजपेयी सबको साथ लेकर चलने वाले नेता लगते हैं, जो रिश्ते बेहतर बना सकते हैं।

भाषण के गूढ़ अर्थ

पाकिस्तानी जनता में बेहद लोकप्रियता हासिल करने के साथ-साथ प्रधानमंत्री अटल बिहारी वाजपेयी ने ऐसे भारतीय नेता की छवि भी हासिल कर ली है, जो अपनी सामर्थ्य और योग्यता से कश्मीर समस्या को सुलझा सकते हैं। हालांकि, कुछ ऐसे भी लोग हैं, जो कहते हैं कि कश्मीर मसले के हल के बिना भारत-पाक रिश्ते नहीं सुधर सकते और आर्थिक ताल्लुकात बढ़ाने से कुछ भी नहीं होने वाला। पाकिस्तानी पत्रकार रिफ़त सईद का आकलन है कि पाकिस्तानी आवाम को यह भरोसा नहीं है कि वाजपेयी कश्मीर का मसला सुलझा सकते हैं।

जो भी हो इसमें कोई शक नहीं है कि पाकिस्तान का मीडिया वाजपेयी के हर बयान, उनके हर भाषण और उनकी हर भंगिमा और तेवर की समीक्षा कर रहा है। साधारण बातों में भी बड़े और गहरे अर्थ ढूंढ़े जा रहे हैं और उन पर घंटों तबसिरा किया जा रहा है। मसलन प्रधानमंत्री वाजपेयी ने इस्लामाबाद में भारतीय उच्चायोग के नए भवन का शिलान्यास करते हुए, जो बेहद संक्षिप्त भाषण दिया, उसके भी प्रतीकात्मक अर्थ ढूंढ़े जाने लगे। वाजपेयी ने कहा था, "देखते-देखते 25 साल बीत गए। (वे जनता पार्टी के विदेश मंत्री के रूप में 25 साल पहले इस्लामाबाद आए थे) नए सवाल खड़े हो गए हैं, जिनके जवाब मांगे जा रहे हैं। दोनों देशों का एक-दूसरे के यहां ठीक तरह से प्रतिनिधित्व हो। (यानी राजनयिकों की संख्या) संवाद चलता

रहे और एक–दूसरे की मुश्किलें समझकर हम मिल–जुलकर रास्ता निकालते रहें। (इस) भवन की नींव पक्की होगी और यह भवन पक्की नींव पर खड़ा होगा। मौसम बदल रहा है। हर मौसम में (यह) भवन डटा रहेगा। भवन में बैठने वाले अपनी जिम्मेदारी निभाएंगे। पाकिस्तान से सबंध रखना बड़ी जिम्मेदारी है...।''

श्री वाजपेयी ने अनेक नेताओं और राजनायिकों से भी मुलाकात की। वे 25 से भी अधिक प्रमुख व्यक्तियों से अलग–अलग मिले, जो उनकी लोकप्रियता को रेखांकित करता है।

नोबल की राह पर

एक प्रमुख अमेरिकी स्तंभकार ने कहा कि अगर प्रधानमंत्री अटल बिहारी वाजपेयी और पाकिस्तानी राष्ट्रपति परवेज मुशर्रफ कश्मीर मुद्दे का समाधान करने में सफल हो जाते हैं और क्षेत्र में शांति लाते हैं, तो वे नोबल शांति पुरस्कार के हकदार होंगे।

वाशिंगटन पोस्ट के जिम होगलैंड ने अपने स्तंभ में लिखा कि भारतीय पक्ष की होशियारी और पाकिस्तानी पक्ष की हड़बड़ाहट ने दोनों पक्षों को एक मंच पर ला दिया है जिसके कारण इन दोनों अलग–अलग व्यक्तित्व के नेताओं को नोबेल पुरस्कार मिलने की संभावना बनी है।

मुशर्रफ पर दबाव के बारे में उन्होंने लिखा है कि असफल गलत अभियानों ने उन्हें खत्म कर दिया है। बाहरी समर्थन और वित्तीय मदद बंद होने से बम विस्फोट करने वाले और हत्यारे एक समय को अपने प्रायोजक के ही खिलाफ हो गए और उसके बाद आपस में ही भिड़ गए। उनके आंदोलन में फूट पड़ गई।

वाजपेयी के बारे में स्तंभकार ने लिखा कि भारतीय नेता पाकिस्तान के हितों को भी ध्यान में रखते हुए इस दिशा में धीरे–धीरे आगे बढ़ रहे हैं।

79वां जन्म दिवस

25 दिसम्बर 2003 को अटल जी ने अपना 79वां जन्म दिवस मनाया। इस अवसर पर उन्होंने कहा कि कवि बनना चाहता था, मगर बन न सका। उन्होंने कहा कि उनका सपना था कि वे कवि होते और उनके कविता पाठ पर लोग तालियां बजाते। अपने 79वें जन्मदिन पर श्री वाजपेयी ने दिल्ली प्रदेश भाजपा

द्वारा उनके आवास पर आयोजित एक रैली को सम्बोधित करते हुए कहा – ''मैंने कभी नहीं सोचा था प्रधानमंत्री बनने का। यहां तक कि सपना भी नहीं देखा था। मैंने तो सपना देखा था कि मैं कविता पढ़ रहा हूं और लोग तालियां बजा रहे हैं। मगर ये हो न सका और मैं राजनीति में आ गया।''

इस अवसर पर उन्होंने अपनी एक कविता 'आहुति बाकी यज्ञ अधूरा' की कुछ पंक्तियां भी सुनाई। श्री वाजपेयी ने उपस्थित जनसमूह की ओर मुख़ातिब होते हुए कहा कि वे जनता के स्नेह और सहयोग से प्रधानमंत्री बने हैं और आवश्यकता पड़ी, तो इसे छोड़कर उनके साथ भी बैठ जाएगें।

इस अवसर पर बधाई देने वालों का 7 रेसकोर्स रोड स्थित प्रधानमंत्री आवास पर तांता लगा रहा। राष्ट्रपति ए.पी.जे. अब्दुल कलाम ने तो प्रोटोकॉल को दरकिनार कर वाजपेयी के घर जाकर उन्हें कवितामयी शुभकामनाएं दीं।

डॉ. कलाम ने प्रधानमंत्री को फूलों का गुलदस्ता और एक ग्रीटिंग कार्ड भेंट किया। कार्ड में शुभकामनाओं के साथ कुछ पंक्तियां भी उन्होंने लिखीं – 'जब बंदूकें खामोश हो जाएंगी, जब खिलेंगे धरती पर फूल, सच्ची आत्माओं से महक उठेगी, जिसने इस सुंदर शांति का किया है सृजन।'

रूस के राष्ट्रपति व्लादिमिर पुतिन ने अपने बधाई संदेश में श्री वाजपेयी को जन्मदिन की बधाई देते हुए अच्छे स्वास्थ्य, समृद्धि, उज्ज्वल भविष्य और चिरायु की कामना की। श्री पुतिन ने श्री वाजपेयी के साथ हुई अपनी पिछली मुलाकातों की याद ताज़ा करते हुए लिखा है कि यह साबित करता कि दोनों देशों के आपसी रिश्ते कितने मजबूत हैं। इसके अलावा उपराष्ट्रपति भैरों सिंह शेखावत, उप प्रधानमंत्री लालकृष्ण आडवाणी, मानव संसाधन विकास मंत्री मुरली मनोहर जोशी, पूर्व राष्ट्रपतियों आर. वेंकटरामन व के.आर. नारायणन, पूर्व प्रधानमंत्रियों चन्द्रशेखर, पी.वी. नरसिम्हा राव, एच.डी.देवगौड़ा, इंद्र कुमार गुजराल ने भी श्री वाजपेयी को जन्मदिन की बधाई दी। श्री वाजपेयी को सबसे पहले बधाई देने वालों में उपराष्ट्रपति श्री शेखावत और उपप्रधानमंत्री श्री आडवाणी शामिल थे। दोनों सुबह 11 बजे प्रधानमंत्री निवास पहुंच गए तथा गुलदस्ता भेंटकर श्री वाजपेयी के दीर्घायु होने की कामना की। इसके बाद केंद्रीय मंत्रिमंडल के अनेक सदस्यों, मध्य प्रदेश की मुख्यमंत्री उमा भारती और भाजपा के राष्ट्रीय अध्यक्ष एम.वैंकेया नाडू आदि नोताओं ने श्री अटल बिहारी वाजपेयी को बधाई दी।

द्रविड़ मुनेत्र कड़गम (द्रमुक) के अध्यक्ष एम. करूणानिधि ने टेलीग्राम के जरिए प्रधानमंत्री को बधाई दी। उन्होंने श्री वाजपेयी को इस समय 'देश का सबसे ऊंचे कद का नेता' बताया और कहा, 'संकट के वर्षों में देश को आगे ले जाने में आपकी अतुलनीय सेवा की समाज के प्रत्येक वर्ग ने सराहना की है।' श्री करुणानिधि ने आशा व्यक्त की कि श्री वाजपेयी वर्षों तक देश की सेवा करते रहें।

तोहफे में चार हज़ार किलोग्राम का लड्डू

लखनऊ के लिए प्रधानमंत्री वाजपेयी की योजनाएं भले ही धीमी गति से चल रही हों, मगर उनके जन्मदिन पर उनके सर्मथकों ने उन्हें ऐसा मीठा तोहफा दिया कि वे वाह! कह उठे। 4000 किलोग्राम के मोतीचूर के लड्डू के रूप में इस तोहफे ने तो वर्ल्ड रिकार्ड ही बना लिया। इसे बनवाने वाले अधिवक्ता और भाजपा इंटेलेक्च्युल सेल के उपाध्यक्ष नृपेन पांडेय ने उत्साह से कहा था, ''यह एक बेजोड़ व्यक्तित्व के लिए बेजोड़ तोहफा है।''

वाजपेयी के सलाहकार और उनके इस चुनाव के क्षेत्र के कर्ता-धर्ता पूर्व मंत्री लालजी टंडन और भाजपा नेता राजेश पांडेय पिछले पांच वर्षों से वाजपेयी के जन्मदिन पर केक के बदले भारी-भरकम लड्डु बनवाते और बांटते आए हैं। इस बार उन्होंने लिम्का बुक ऑफ वर्ल्ड रिकार्ड के मार्केटिंग मैनेजर वी.वी.आर मूर्ति से संपर्क किया, तो पता चला कि 3,500 किलोग्राम तक का लड्डू तो पहले बन चुका है। इसलिए उन्होंने 4,000 किलोग्राम का लड्डू बनवाया। 22 किलोग्राम चीनी, 13 किलोग्राम बूंदी, 120 लीटर दूध, 36 किलोग्राम घी, 4 किलोग्राम इलायची, 5 किलोग्राम खरबूजे के बीज और 5 लीटर गुलाबजल से बना यह लड्डू टंडन के घर के लॉन में रखा गया। मुस्कुराते हुए वाजपेयी ने इसे नजदीक से देखा, चखा और चले गए। जन्मदिन के मौके पर हज़रतगंज हनुमान मंदिर में इसे रखा गया और लोग वाह-वाह! कर, देर रात तक पटाखों और संगीत के बीच इसे खाते रहे।

लेकिन इस मौके पर यह भी चर्चा थी कि वाजपेयी की योजनाओं को उनके मैनेजरों ने ही कुछ दिन पहले तक सरकार में रहते हुए कैसे नज़रअंदाज किया। इनकी फेहरिस्त भी एक अखबार समूह ने उसी दिन

छाप दी जिस दिन वाजपेयी लखनऊ को 5 रेलगाडियों का तोहफा देने आए। उसी के साथ वाजपेयी ने लखनऊ होते हुए ताला (भूटान) से दिल्ली के बीच 2000 किलोमीटर लम्बी ट्रांसमिशन लाइन प्रोजेक्ट के साथ सरकारी संस्थान और निजी क्षेत्र के सहयोग की बुनियाद भी रखी। वाजपेयी ने कहा, ''इस ट्रांसमिशन लाइन के बनने से अब बिजली का ऐसा झटका नहीं लगेगा जैसा कुछ राज्यों के चुनाव में कुछ पार्टियों को लगा।''

अद्वितीय अटल

किसने ऐसा दूध पिया जो रोके गति तूफानी।
यह जीवन का ज्वार चली उफनाती प्रखर जवानी।
युवक हार जाते हैं, लेकिन यौवन कभी न हारा।
एक निमिष की बात नहीं है चिर-संघर्ष हमारा।
अब न चलेगा राष्ट्र-प्रेम का गर्हित सौदा।
यह अभिनव चाणक्य न फलने देगा विष का पौधा।
तन शक्ति, हृदय की श्रद्धा, आत्म-तेज की धारा।
आज जगेगा जग-जननी का सोया भाग्य सितारा।

व्यक्ति इतिहास नहीं रचते, ऐसा हमेशा नहीं होता। इतिहास उनका इस्तेमाल कर लेता है। अक्सर, राष्ट्र उनके सपनों में भुनाया जाता है। राष्ट्र उनकी कल्पनाओं में अलग-अलग रहा है। वे घटनाक्रम के तौर पर नेता हैं और वे अचानक ही उभरते हैं, मानों उनका आगमन ऐसी अपरिहार्यता है जिसे टाला नहीं जा सकता। लोगों की आकांक्षाओं और उत्तेजनाओं के बीच से उनका गुज़रना जब काम-काज के नए रूप में उभरता है, तब मिसालें टूटती हैं, यथास्थितियां बिखरती हैं, हठधर्मिताएं नरम पड़ जाती हैं और उनके पदचिह्नों पर राष्ट्रीय आचार संहिता के प्रथम प्रतीक तय होते हैं। वे प्रारब्ध के रचयिता होते हैं, वे निथरे हुए लोग।

जैसे अटल बिहारी वाजपेयी। उन पर नजर डालें– दिलासा देने वाली स्तब्धता में अकेले और उनके पीछे पसरा सन् 2003, एक राष्ट्र के कुशलक्षेम की ताजी यादाश्त, वह साल जिसने भारत को नफरत के पिछवाड़े से उपचार के आंगन में पहुंचा दिया, जड़वत बाजार से संवेदी सूचकांक की नई सनसनी तक, राजनीतिक लालच की तुच्छता से सज़ा की साफगोई तक, बांटने वाली सरगर्मियों से स्थिरता देने वाली शांति तक। एक साल, जिसमें वाजपेयी की

अमिट छाप है, उस देश को एकजुट करने वाले शख्स की, जहां बंटवारा इतिहास के एक तथ्य के बजाय राष्ट्र के मानस की अवस्था के तौर पर दर्ज है। मगर सन् 2003 में वाजपेयी का मानस छाया रहा, तो क्या सक्रिय हस्तक्षेप कर्ता के दिन आ गए? नहीं। उनका चिर-परिचित मौन राजनीतिक प्रबंधन में सहनशीलता के एक नए दर्शन को व्याख्यायित करता है। एक ऐसी पार्टी में, जहाँ राष्ट्रीय स्वाग्रह की बद्धमूल छवि विध्वंस है, वे एकीकरण के संरक्षक संत हैं–राजनीति के अंतिम अक्रिय नायक। मगर यह अक्रियता अक्षमता कतई नहीं। एक ऐसे राजनीतिक परिदृश्य में, जहाँ पार्टी के सहयोगियों या गठबंधन के साझीदारों की अति सिर्फ विभाजन, विध्वंस या शांति भंग कर सकती है, यह परिदृश्य रणनीति है, शांतिपूर्ण प्रतिरोध की गाँधीवादी नीति वाजपेयी के हाथों में जन-अनुशासन का अस्त्र बन गई हैं सन् 2003 की स्थिरता इसके लिए उनकी ऋणी है।

स्थिरता राजनीतिक रंगमंच के साथ ही आकांक्षाओं के बाजार में भी नज़र आती है। इसका श्रेय उन्हें दें। काफी हद तक साँचे में ढली हिन्दू राष्ट्रवादी पार्टी हैरी पॉटर की पुस्तक से निकला कोई राजनीतिक दैत्य नहीं है, जो धर्मनिरपेक्ष भारत की आत्मा को चूसने के लिए अँधेरे कोनों में ताक में खड़ा है। भाजपा, शासन के लिए नैसर्गिक पसंद के तौर पर विकसित हो कुरुक्षेत्र की तलाश में नहीं है, जहाँ शत्रु गढ़े जाएँगे। भगवा घराने में, जहाँ अभी भी कुछ लोग हिन्दू कल्पना लोक में जी रहे हैं, वे समझदारी के प्रतीक हैं, हिन्दुत्व के संत। कांग्रेस के गढ़ माने जाने वाले राज्यों में एक बार फिर भाजपा ने सन् 2003 में अपनी स्वीकार्यता साबित की और अयोध्या में आस्था को भय में बदलने नहीं दिया गया, त्रिशूलों को नियंत्रण में रखा गया और बाज़ार में आज़ादी पर कोई बेड़ियाँ नहीं डाली गईं। सन् 2003 में बुद्धिमता और वाजपेयी का प्रगाढ़ संबंध रहा।

वाकई, वे सयाने नेता हैं। एक ऐसा एशियाई प्रारूप है जिसे कन्फ्युशियाई समाजों ने संस्थागत रूप दिया और जहाँ उम्र को बुद्धिमत्ता के लिए अनिवार्य शर्त माना जाता है। प्रबुद्ध नेता, जानकार, काम कर दिखाने वाले; ऐसे नेता बड़ी तेजी से अपने इलाके यानी दक्षिण-पूर्वी एशिया और चीन से गायब होते जा रहे हैं, आज वाजपेयी पूर्व के सबसे बुजुर्ग राजनयिक हैं सबसे बड़े लोकतंत्र के। वे दुनिया के मुखिया हैं उनकी बुद्धिमत्ता जन चेतना पर अपना दावा नहीं करती। वे उदात्त लाभप्रदाता हैं। 2003 के वैश्विक भारत में समृद्ध और

शक्तिशाली लोगों के बीच उनकी शांत, किंतु दिलासा देने वाली उपस्थिति शांति और संयम की, समझदारी और प्रतिबद्धता की प्रतिमूर्ति रही। इसके बावजूद वे इस उपमहाद्वीप से एक विशेष संदेश के वाहक थे कि आतंक से दोबारा रची जा रही दुनिया में अक्षुण्ण कैसे बने रहें।

इससे पहले भारत में सत्ता को किसी एक नेता ने इतने कम समय में पुनर्परिभाषित नहीं किया। एक परिवार के शासन के दिनों के विपरीत वाजपेयी के विश्व में सत्ता कभी संपूर्ण नहीं होती। भारत का सबसे लोकप्रिय राजनीतिक–यह दर्जा किसी परिवार के करिश्मे से कमतर नहीं है–सत्ता को किसी संत की-सी अनासक्ति से संचालित करता है। वे त्याग को दिलासा देने के एक औज़ार के तौर पर इस्तेमाल करते हैं। वे अपनी अपरिहार्यता को एक वास्तविकता के तौर पर प्रदर्शित करने के लिए ही अपने खोल में सिमट जाते हैं और हैरान करने वाली किसी कविता की मानिंद वापसी दर्ज करते हैं वे अपनी पार्टी के राजनीतिक आकार से कहीं बड़े हैं। वे उसके भीतर भी हैं और उससे ऊपर भी, अपने नैतिक तंत्र को राजनीति की जोड़-तोड़ से कहीं ऊपर रखे हुए, यहाँ तक कि अपनी पार्टी की जरूरतों से भी ऊपर। उन्होंने नेतृत्व का व्याकरण बदल दिया, वह भी ऐसे विश्व में, जहाँ सर्वाधिक ताकतवर देशों के सबसे ज्यादार नज़र आने वाले नेता युद्ध और विजय के बावजूद साख के संकट का सामना कर रहे हैं। वाजपेयी कोशिश किए बगैर जीतते हैं और उनकी जीत–सकारात्मक नेतृत्व की उचित परंपरा में–भारत की 2003 में जीत के तौर पर अनुदित होती है। इससे वे हमारे 'साल के सबसे चर्चित शख्स' बने। और इतिहास ने अभी उनका पूरा इस्तेमाल नहीं किया है या कहीं ऐसा हो तो नहीं गया?

सुर्खियों के सरताज

लगता है, भारत के सर्वाधिक लोकप्रिय राजनेता अटल बिहारी वाजपेयी के लिए राजनीति एक संयोग की शगल है। कभी-कभी तो लगता है कि वे दुनिया के सबसे दबाए गए कवि हैं, जो उस क्षण की प्रतीक्षा करते रहते हैं जब उनकी कविताएँ उन्हें उबारेंगी। ऐसा ही क्षण पिछले दिनों क्रिसमस दिवस पर आया, जो उनका 79वां जन्मदिन था। वाजपेयीवादी माने जाने वाले केन्द्रीय खेल राज्यमंत्री विजय गोयल ने उस दिन नई दिल्ली में एक कवि सम्मेलन का आयोजन किया था। वाजपेयी को उसमें जाना नहीं था। मगर राजधानी में कोहरे

की वजह से छुट्टी मनाने के लिए वे जयपुर नहीं रवाना हो सके, तो इस कवि सम्मेलन के मंच पर उपस्थित हुए, लेकिन उस शाम उनका कवि मन कुछ सुनाने के मूड में न था। वह भी उस शाम की तरह धुंधला-सा था, हालांकि पूर्व प्रधानमंत्री और कवि-चित्रकार विश्वनाथ प्रताप सिंह भावुकता भरी कविता सुना चुके थे, लेकिन वाजपेयी पर दबाव इतना पड़ा कि उन्हें माइक थामना ही पड़ा और उन्होंने अपने चिरपरिचित अंदाज में आशा का गीत सुनाया, गीत नया गाता हूँ....। इसे भारत 2003 का गीत भी कहा जा सकता है।

भारत का कोई भी नेता आज शायद उम्मीद का गीत इतने विश्वास के साथ नहीं गा सकता। आज जबकि नेताओं पर लोगों का विश्वास घटता जा रहा है, वाजपेयी जनप्रिय नेता बने हुए हैं, वह भी उस पार्टी में होने के बावजूद जो अपनी पहचान के संकट से अभी तक पूरी तरह उबर नहीं पाई है, संघ परिवार के लोग 30 साल तक नारे लगाते रहे—अगली बारी, अटल बिहारी, अटल बिहारी और 1996 में जब अटल बिहारी वाकई भारत के पहले कट्टर हिन्दू और असली गैर-कांग्रेसी प्रधानमंत्री बने, तब उनके कट्टर समर्थक भी उम्मीद नहीं करते थे कि वे दोबारा सत्ता में आएँगे और अपना कार्यकाल पूरा करेंगे, लेकिन 1952 से, जब अटल बिहारी वाजपेयी ने राजनीति में कदम रखा था, अब तक भारत बदला है, तो खुद वाजपेयी भी बदले हैं। वे महान विचार मंत्रों के लिए तो नहीं जाने जाते मगर उन्होंने सफलता की मौलिक कथा लिखी है, राजनीति में टिकने का अनूठा तर्कशास्त्र विकसित किया है। जिस देश में नेता की या तो प्रशंसा की जाती है या उससे खौफ खाया जाता है, वहाँ वाजपेयी ने जनता का प्यार बटोरने का करिश्मा किया है। पिछले कई प्रधानमंत्रियों के विपरीत, वाजपेयी की साख छह साल तक सत्ता में रहने के बाद भी बेदाग है और उनके राजनीतिक विरोधी भी उनकी योगियों वाली शांत मुद्रा को भंग करने की चाल नहीं ढूँढ़ पाए हैं। यह उनकी कविता नहीं, बल्कि उनकी राजनीति की बदौलत हुआ है।

अस्सी साल की उम्र में आज वे एकमात्र ऐसे नेता हैं, जो उस देश के लिए नया गीत गा सकता है, जिसकी आधी आबादी 20 साल से कम उम्र वालों की है। वे सभ्यता के स्रोत और आत्मविश्वास के प्रतीक नजर आते हैं धार्मिक उग्रवाद और सैद्धांतिक दुस्साहस वालों के परिवार में वे नरमपंथ के पैरोकार हैं। वे परिवार के एक ऐसे सदस्य के रूप में हावी होते हैं जिसकी अपनी सोच है, जिसके पास ऐसा दिमाग है जो सामने वाले को भारी उलझन

में डाल देता है। दोहरेपन को वाजपेयी ने अपना राजनीतिक दर्शन बना लिया है। वे एक बात कहते हैं, जिसके दो या उससे भी अधिक अर्थ होते हैं। यह उलझन में भी डालता है, जानकार भी बनाता है। मसलन, नवंबर में भाजपा सांसदों की बैठक में उन्होंने कह दिया, "अगर कोई कारवां को बीच में छोड़ कर चला जाए तो कारवां रुकना नहीं चाहिए।" अब सुनने वाले जो अर्थ लगा लें। क्या वे यह कहना चाहते थे कि अगर वे न भी रहें, तो काम जारी रहना चाहिए? या वे अपने सहयोगियों को चेता रहे थे कि वे उन्हें ब्लैकमेल नहीं कर सकते। अगर वे हमें बर्दाश्त नहीं कर सकते तो साथ छोड़ सकते हैं।

जो भी हो, इस दोहरेपन का एक महत्त्वपूर्ण नतीजा तो यह रहा है कि हिंदुत्व के मोर्चे पर शांति रही। वे ऐसे राजनीतिक हिन्दू हैं, जिसके लिए धर्म का अर्थ देश का सांस्कृतिक बँटवारा नहीं है। वे ऐसे रामभक्त हैं जिसके लिए मिथक राजनीतिक लड़ाकों का शरणस्थल नहीं हैं। बेशक, राम मंदिर उनके मन में है और 2001 में उन्होंने कुमारकोम के प्रसिद्ध चिंतन मं लिखा भी कि "...इस बात पर कोई विवाद नहीं है कि अयोध्या में राम मंदिर राष्ट्रीय भावना की अभिव्यक्ति है।" वाजपेयी के लिए यह राष्ट्रीय भावना है।, राजनीतिक भावना नहीं और हिन्दुत्व के इस गैर-विवादास्पद नेता ने भारत के पहले "राष्ट्रवादी" दल की राष्ट्रीय भावना को राष्ट्रीय विभाजन का कारण नहीं बनने दिया। 2003 के भारत में नफरत के नए खंभे अयोध्या में नहीं खड़े हुए, त्रिशूल हिन्दी राष्ट्रवाद के प्रतीक बनकर नहीं उभरे और वाजपेयी भी गैर-हिंदू नहीं बने। 2003 के बाद के गुजरात में इस नेता की छाया के नीचे सांप्रदायिक खाइयाँ नहीं नज़र आईं। उनका नेतृत्व वह धुरी है, जिस पर देश की एकजुटता भी टिकी है। यह उस पार्टी में रहते हुए कोई छोटी उपलब्धि नहीं है, जिसमें ऐसे उग्रपंथियों की कमी नहीं जो गौरव के सूत्र अतीत में ढूँढ़ते हैं और इतिहास के भावों में राजनीतिक हिंदू के प्रसव के चिह्न देखते हैं।

राष्ट्रीय स्वयंसेवक संघ के मुख्यालय के वे कभी चहेते नहीं रहे। स्वयंसेवकों ने उन्हें कभी पूरा हिंदू नहीं माना और वाजपेयी जानते हैं कि उपाय टकराव नहीं, घेराबंदी है। भगवा परिवार के पुरोधा वाजपेयी काफी चतुर हैं, संघ परिवार में पीढ़ीगत बदलाव को उन्होंने अपनी मजबूती और शांति के लिए बखूबी इस्तेमाल किया है। 2003 में इसका फायदा सिर्फ उन्हें नहीं, बल्कि पूरे देश को मिला।

एकता के इस सूत्रधार ने भारत में गठबंधन का नया धर्म स्थापित किया। राष्ट्रीय जनतांत्रिक गठबंधन सैद्धांतिक विविधता में एकता का पहला सक्रिय प्रयोग साबित हुआ है। यह अहं की टकराहटों और क्षेत्रीय महत्त्वाकांक्षाओं का बारूदघर है। केवल सत्ता के मोह ने इसे एकजुट नहीं रखा है। यह वाजपेयी का कमाल है–वाजपेयी, जो उदारता, हिन्दू राष्ट्रवाद के मानवीय चेहरे के प्रतीक हैं; वाजपेयी, जो एक ऐसे नेता हैं जिनकी छवि अपनी पार्टी की छवि से कहीं ज्यादा चमकदार है। हालांकि, वे कहा करते हैं कि "मुझे पसंद कीजिए और मेरी पार्टी को नहीं, यह नहीं चल सकता।" लेकिन यह असलियत नहीं है। राजनीतिक तालमेल के इस दौर में वे ऐसे दक्षिणपंथी नेता हैं जिनके साथ उनके सहयोगी सहज महसूस करते हैं। सत्ता के साथ पहले साक्षात्कार में भाजपा को बाहर वालों के साथ जीने का सांस्कृतिक अनुभव नहीं था, लेकिन अब ऐसी बात नहीं है और इसका श्रेय इस सबसे स्वीकार्य सूत्रधार को जाता है, जो यह गुनगुनाता है :

"मुझे दूर का दिखाई देता है, मैं दीवार पर लिखा पढ़ सकता हूँ, मगर हाथ की रेखाएँ नहीं पढ़ सकता।"

विकास की टेक

वाजपेयी के लिए भारत की छह बड़ी समस्याएँ–भूख, आवास, रोजगार, शिक्षा, बिजली और सड़कें–निराशाजनक तस्वीर ही पेश करती हैं। बीते पाँच वर्षों में सभी स्तरों पर समस्याओं के त्वरित और दीर्घकालिक निदान के लिए उन्होंने समितियों और कार्यबलों का गठन किया। नदियों को जोड़ने, गाँव में बिजली और दूरसंचार सुविधाएँ पहुँचाने और ग्रामीण भारत को देश के शेष भाग से जोड़ने के लिए इन समितियों ने अध्ययन किया।

पिछले वर्ष तक (2003), जब उन्होंने गोवा वाले अपने चिंतन में अपनी मुख्य विषयवस्तु को स्पष्ट किया, तब उनके सभी संबोधनों से 'विकास' नामक वृहद मुद्दे पर खास ध्यान देने के संकेत साफ-साफ नज़र आए, लेकिन एक बार फिर इस विषय पर सोचें, तो पता चलता है कि केवल एक कवि ही ऐसी जीवंत तस्वीर की कल्पना कर सकता है। उसी समय से उन्होंने अनाज की पैदावार बेहतर बनाने के लिए बड़ी शिद्दत के साथ नदियों को जोड़ने का तर्क दिया है। उत्पादन बढ़ने का मतलब यह कि अतिरिक्त अनाज बाजारों में पहुँचे और गाँव सीधे बाजारों से जुड़ें। उपज का सही दाम पाने के लिए उन्होंने

शीतगृहों और प्रसंस्करण उद्योगों के लिए विभिन्न योजनाओं को बढ़ावा दिया है। सभी गाँवों को राष्ट्रीय ग्रिड से जोड़ने और विद्युतीकरण से विकास केंद्रों और रोजगार के नए अवसरों का सृजन होगा।

लच्छेदार शब्दावली उनकी रचनावली का हिस्सा नहीं है, लेकिन उनकी 'संपर्क क्रांति' ने मतदाताओं और अर्थव्यवस्था के विश्लेषकों को रिझाया है। इस क्रांति का मूर्त रूप स्पष्ट रूप से दूरसंचार, बेहतर राजमार्गों की सुविधा और 'नाबार्ड सड़कों' (ये सड़कें राष्ट्रीय कृषि एवं ग्रामीण विकास बैंक के वित्तीय सहयोग से बनी हैं) के रूप में दिखाई देता है। यह स्वीकार करना होगा कि यह सब आंशिक ही है और अवधारणा के स्तर पर ही है। इस बात से इंकार नहीं किया जा सकता कि अर्थव्यवस्था प्रबंधन के बेहद महत्त्वपूर्ण और बुनियादी पहलुओं के संबंध में ऐसी अभिनव कल्पना का सृजन एक कवि ही कर सकता है। अपने शानदार स्वरूप में यह तस्वीर उस समय जीवंत हो उठी जब भारत का विदेशी मुद्रा भंडार बढ़कर 100 अरब डॉलर के स्तर पर पहुँच गया। मानसून अच्छा रहा जिसने आर्थिक विकास दर को सात फीसदी से ऊपर पहुँचा दिया और शेयर बाजार का संवेदी सूचकांक 6000 के स्तर को छूने लगा। भारत अब दुनिया की सॉफ्टवेयर राजधानी नहीं रह गया है, जबकि यह उत्पादन क्षेत्र का प्रमुख केंद्र है, जहाँ उच्च गुणवत्ता इंजीनियरिंग का निर्माण होता है। भारत की समर्थ्य का यशोगान जारी है। गोल्डमैन सैक्स का मानना है कि भारत 2050 में चीन और अमेरिका के बाद दुनिया की तीसरी बड़ी अर्थव्यवस्था होगा और मेरिल लिंच को 2010 तक भारत का सकल घरेलू उत्पाद दोगुना बढ़ने की आशा है। वाजपेयी का शीर्षक गीत पहली बार इतनी प्रखरता के साथ मुखर होता दिख रहा है।

दरअसल, हाल के कई वर्षों में पहली बार विकास की नई इबारत लिखने के प्रयास किए गए हैं। वाजपेयी इस बात से वाकिफ हैं कि राजनीति के चरित्र को देखते हुए विकास की विषयवस्तु पर उनके द्वारा रच गया शीर्षक गीत गठबंधन की राजनीति के शोरशराबे में कभी भी खो सकता है इसके अलावा वे आस-पास के माहौल और परिस्थितियों से भी घिरे हुए हैं इसलिए जब लोग सार्वजनिक उपक्रमों के विनिवेश में देरी के मसले पर उँगली उठाते हैं, तो वाजपेयी शांत रहते हैं इसका मतलब यह नहीं कि विनिवेश प्रक्रिया में देरी को लेकर वे विचलित नहीं हैं, लेकिन इस वजह से कोई चेतावनी या सख्ती नहीं दिखाई देती। सबसे ज्यादा महत्त्वपूर्ण है उनका प्रभावशाली तरीके से और स्थान

देखकर स्पष्ट बोलना। जब उनके द्वारा उठाए गए कदम पर अटकलें लगाई जा रही थीं, तब उन्होंने न्यूयॉर्क में आयोजित भारत-अमेरिका व्यापार परिषद् में कहा, "भारत में सुधारों की प्रक्रिया ऐसे दौर में है, जहाँ से उसे वापस नहीं लिया जा सकता। जनतंत्र पर आधारित राजनीति में पार्टी के भीतर और अलग-अलग पार्टियों के बीच बहस और मतभेद स्वाभाविक हैं।"

वे अपने मंत्रियों को पूरी क्षमता और भावना के साथ पक्ष रखने का मौका देते हैं। चाहे यह सार्वजनिक क्षेत्र की तेल कंपनियों के विनिवेश का मामला हो या दूरसंचार मुद्दे पर उठा विवाद। पचास साल तक संसद में रहने के कारण उन्हें पता है कि राजनीतिक लिहाज से क्या ठीक है और क्या दुर्भाग्यकारी। शायद इसलिए कई हलकों से अनुरोध के बावजूद उन्होंने श्रम सुधारों को नहीं छुआ है। इसके कई तरह के समाधान हैं, लेकिन उन्हें स्पष्ट रूप से वे अभी उचित नहीं महसूस होते या फिर समय सही नहीं नज़र आता।

जैसे ही वाजपेयी ने सत्ता संभाली, भारतीय उद्योग परिसंघ की ओर से आयोजित एक कार्यक्रम में उन्होंने उद्योग जगत को आड़े हाथों लिया। उन्होंने सवाल किया कि क्या उद्योग पारदर्शी और वित्त के मामले में दूरदर्शी हैं? क्या उद्योग उपभोक्ताओं और अपने श्रमिकों के मामले में सामाजिक ज़िम्मेदारियों का निर्वाह करते हैं? अंत में उन्होंने यह भी पूछा कि क्या एक आम नागरिक यह नहीं सोचता कि सरकार और उद्योग जगत ने हाथ मिला लिए हैं और उसके लिए कुछ भी बाकी नहीं रखा गया है।

अंतर्राष्ट्रीय मंचों पर भी वाजपेयी ने मुद्रा कोष और विश्व बैंक के सुर में सुर मिलाने वालों पर फब्तियाँ कसीं। उनके कार्यकाल के शुरुआती दौर में जब एशियाई मुद्राएँ अंतर्राष्ट्रीय बाजार में गिरावट की चपेट में थीं, तब वाजपेयी ने बाजार को भगवान मानने पर सवाल उठाते हुए न्यूयॉर्क में एशिया सोसायटी के मंच पर चेतावनी दी थी कि, "व्यवस्था में व्याप्त असमानताओं को यह कहकर तर्कसंगत नहीं ठहराया जा सकता कि वे बाजार की शक्तियों का परिणाम हैं और इनमें किसी तरह का सरकारी हस्तक्षेप संभव नहीं। बीसवीं सदी ने इसकी भारी कीमत चुकाई है, जिससे साम्यवाद का सैद्धांतिक दुराग्रह निकला।"

बाहरी अर्थव्यवस्था के प्रबंधन के मोर्चे पर वाजपेयी ने हाल के समय तक रिजर्व बैंक के गवर्नर रहे विमल जालान को काम करने की पूर्ण स्वायत्तता दी। कारगिल युद्ध जब चरम पर था, तब कुछ मंत्रियों ने रुपये का मूल्य नियंत्रित

करने और उसकी गिरावट न रोकने पर ऐतराज किया, लेकिन वाजपेयी तुरंत रिजर्व बैंक के फैसलों के समर्थन में आगे आए और उन्होंने कहा कि यदि भारत बीच युद्ध में मुद्रा के बचाव में आगे आता है, तो उसे भारी घाटा उठाना पड़ सकता है। पोखरण विस्फोट के बाद भारत और पाकिस्तान पर लगे प्रतिबंधों के बाद दोनों देशों में सबसे बड़ा फर्क यह था कि प्रतिबंधों के बावजूद भारत अपने पैरों पर खड़ा रहा। 100 अरब डॉलर के विदेशी मुद्रा भंडार के साथ वाजपेयी फिर मजबूती के साथ खड़े हैं।

उत्तर और दक्षिण की सड़कों के साथ स्वर्ण चतुष्कोण को जोड़ने की परियोजना के तहत 53,000 किलोमीटर का सड़क नेटवर्क तैयार होगा। यह एक ऐसी परियोजना है, जिसकी वे लगभग हर हफ्ते समीक्षा करते हैं। अब तक लगभग 4,000 किलोमीटर तक राजमार्गों को इसमें जोड़ा गया है या इन्हें सुधारा गया है। ग्रामीण सड़कों को जोड़ने की परियोजना के कार्यक्रम के तहत रोजगार उत्पन्न हुआ।

वाजपेयी का आर्थिक प्रबंधन कई मामलों में कुशल पारिवारिक कौशल पर आधारित है। वे इस बात में यकीन रखते हैं कि लोग कम-से-कम बुनियादी खर्च जरूर वहन कर सकें और उनकी ज़िंदगी में कुछ आनन्द अवश्य हो। वाजपेयी का मानना है कि उत्पादकता, रोजगार के अवसरों में बढ़ोतरी और प्रतिस्पर्द्धा के जरिए ही आम आदमी की ज़िंदगी में यह सुकून संभव है। बढ़ते राजस्व घाटे के बावजूद उन्होंने टैक्स चुकाने वालों को संपन्न बनाने और उत्पादों को सस्ता करने के जसवंत सिंह के प्रयासों का समर्थन किया। हालांकि, इसके आधार पर उन्हें आपूर्ति आधारित अर्थव्यवस्था का पक्षधर भी नहीं कहा जा सकता। सरकारी खर्च में ही उनका यकीन नहीं है, बल्कि वे देश की मुद्रा व्यवस्था में भी हस्तक्षेप करना चाहते हैं। जब उद्योग जगत ने उन्हें मुद्रा की लागत को लकर शिकायत की, तो वाजपेयी ने इस मुद्दे पर संजीदगी के साथ विचार किया। वाजपेयी आश्वस्त थे कि यदि ब्याज दरों में कटौती नहीं की गई, तो ऊँची लागत वाली अर्थव्यवस्था के कारण भारत पिछड़ जाएगा। आज घटी ब्याज दरों के कारण खपत में बढ़ोतरी हुई हैं, किसानों के लिए ऋण सस्ता हुआ है और राज्यों पर कर्ज़ का बोझ घटा है।

दरअसल, अन्य सरकारों के विपरीत वाजपेयी सरकार ने सभी राज्यों के साथ लगभग समानता का व्यवहार किया है, लेकिन जहाँ तक सूखा राहत या केंद्र के साथ कर्ज़ के बँटवारे की बात है, तो मजेदार तथ्य है कि कर्ज कम

करने वाले राज्यों में गैर-भाजपा शासित महाराष्ट्र जैसे राज्य अग्रणी रहे। निश्चित रूप से केंद्र की गठबंधन सरकार में तेलुगु देशम पार्टी के महत्त्व को देखते हुए चंद्रबाबू नायडू और आंध्र प्रदेश का कुछ अतिरिक्त पक्ष लिया गया है, लेकिन वाजपेयी को जानने वालों का मानना है कि सुधारों के मामले में नायडु उनके पसंदीदा मुख्यमंत्री हैं। विकास के मंत्र की वजह से दोनों के बीच तालमेल बैठा है। दरअसल, वाजपेयी इस मंत्रोच्चार के लिए अवसर की तलाश में रहते हैं। दक्षिण एशिया के लिए एकल मुद्रा की उनकी परिकल्पना पर विचार कीजिए। वे भारत के रास्ते ईरान और बैंकॉक को रेल पटरियों के जरिए जोड़ना चाहते हैं, ताकि व्यापार का प्राचीन रेशम मार्ग बहाल हो या इस पर सोचिए कि किस तरह उन्होंने भारत को आसियान की मान्यता दिलवाने के लिए ताना-बाना बुना।

वाजपेयी सरकार मुख्यमंत्रियों के कृषि उत्पादों के लिए बाजार की पहुँच जैसे महत्त्वपूर्ण मुद्दों पर नेटवर्किंग कर रही है। वाजपेयी ने मुख्यमंत्रियों के सम्मेलन मे आश्वस्त किया कि उनकी सरकार अनाज, कृषि और विश्व व्यापार संगठन (डब्ल्यूटीओ) जैसे मुद्दों पर किसानों का हित देखने के लिए कृतसंकल्प है। उनका मानना है कि, "कृषि और डब्ल्यूटीओ के मामले में सरकार का काम करने का तरीका इस मान्यता पर आधारित है कि उभरते विश्व व्यापार समीकरणों में भारत के लिए चुनौतियाँ भी हैं और अवसर भी।" मई 2001 में ही वे पूरी तरह आश्वस्त थे कि विश्व व्यापर में उचित धरातल के निर्माण के लिए दुनिया के विकासशील देशों को एक बैनर तले लाने में भारत की भूमिका महत्त्वपूर्ण होगी। कैनकुन सम्मेलन से करीब एक साल पहले ही वाजपेयी ने दक्षिण अफ्रीका के राष्ट्रपति एमबेकी, ब्राज़ील के लुला डी सिल्वा और चीन यात्रा के दौरान हु जिनताओं के साथ लामबंदी शरू कर दी थी।

प्रमुख उपलब्धियाँ : एक साक्षात्कार

प्रधानमंत्री के कुछ महत्त्वपूर्ण कथन

- *"राजनीति सत्ता हथियाने का एक खेल बन गई है और सत्ता संपत्ति संचित करने का एक साधन... भ्रष्टाचार के मुद्दों पर हमारे ऊपर कोई उँगली नहीं उठा सकता। हमारा ऐसा मानना है कि हमारा जीवन शुचितापूर्ण रहा है।"*
- *"हथियारों से समस्याओं का समाधान नहीं हो सकता। शांति के लिए हथियारों को पीछे छोड़ना होगा।"*
- *"भारत आज प्रगति के पथ पर अग्रसर है। हम एक साथ अनेक क्रांतिकारी परिवर्तनों के साक्षी हैं।.... इन सबके परिणामस्वरूप एक मनोवैज्ञानिक क्रांति हुई है। इसके चलते रक्षात्मक, अंतर्मुखी दृष्टिकोण का रूपान्तरण बहिर्मुखी और आत्मविश्वासपूर्ण रवैये में हो गया है। हम चुनौतियों का सामना करने के लिए तत्पर हैं, भय को त्यागकर जोखित उठा रहे हैं और प्रारब्ध पर आश्रित नहीं है।"*
- *"सामजिक न्याय के बिना स्वतंत्रता अधूरी है।"*
- *"हिन्दी की बात बहुत होती है, हिन्दी में बात कम होती है। यदि हिन्दी में बात ज्यादा होने लगे, तो हिन्दी की समस्या ही हल हो जाए।"*
- *"युवावस्था ही जीवन का बसंत है। यह उम्र नई खोज करने और सपने बुनने की है। अपने उज्ज्वल भविष्य के ही नहीं, बल्कि अपने राष्ट्र और सम्पूर्ण मानवता के लिए भी शानदार भविष्य के सपने बुनने की।"*

अटल जी की अंतिम यात्रा

भारत रत्न अटल बिहारी वाजपेयी आज हमारे बीच नहीं हैं, लेकिन उन्हें महापुरुषों की श्रेणी में रखा जा सकता है जो हमेशा अपने विचारों की बदौलत आम जन मानस के बीच जिन्दा रहेंगे। अटल जी का पूरा जीवन एक मिसाल है। उनके व्यक्तित्व और विचारों से प्रेरणा लेकर हम एक इंसान के रूप में अपनी पहचान बना सकते हैं। उनका जीवन समझोताविहीन व्यक्तित्व के रूप में हमारे सामने आया है। चाहे वो राजनीतिक रूप में हो या व्यक्तिगत रूप में हो। उन्होंने सैद्धांतिक और व्यवहारिक राजनीति की नींव रखी थी। यही कारण है आज भी अटल जी का नाम बड़े ही सम्मान से पुकारा जाता है।

वैसे तो मृत्यु अटल है, लेकिन अटल मरा नहीं करते हैं। बहुत कम नेताओं को जनसामान्य के बोच वह स्वीकार्यता प्राप्त हुई है। यह स्वीकार्यता अटल जी अपने जीवनकाल में ही प्राप्त कर चुके थे। भारतीय राजनीति के शिखर पुरुष की जड़ें जनता के हृदय में हैं। देश का कोई भी ऐसा क्षेत्र नहीं होगा, जहाँ अटल जी के अपनत्व की ऊष्मा को न महसूस किया जाता हो। एक जमाना वह भी था जब भारतीय राजनीति में अटल से बड़ा नाम नहीं था।

कभी-कभी इतिहास भी अपने आपको दोहराता है। ऐसा ही कुछ भारत रत्न, पूर्व प्रधानमंत्री अटल बिहारी वाजपेयी के साथ भी हुआ था। पटना का वो मैदान जहां सबसे ज्यादा भीड़ आने का रिकार्ड जेपी आंदोलन के समय बना था। उसको तोड़ने का रिकार्ड भी अटल जी के नाम रहा। अटल जी जहां भी जाते थे उनकी रैलियों में उमड़ी भीड़ हर बार कोई न कोई रिकॉर्ड बनाती थी। भीड़ देखकर अटल जी का ही नहीं बल्कि उनके सहयोगियों का उत्साह भी दुगुना हो जाता था।

आज अटल जी की अंतिम यात्रा का भी दृश्य कुछ ऐसा ही था। उनकी अंतिम यात्रा में पीएम मोदी, बीजेपी अध्यक्ष अमित शाह सहित कई मुख्यमंत्री और बीजेपी के बड़े नेता पैदल चल रहे थे और उनके पीछे लाखों की भीड़ चल रही थी। शाम तक देश के कोने-कोने से उनको श्रद्धांजलि देने वाले लोगों का तांता लगा रहा। उनकी लोकप्रियता का अंदाजा आप इसी से लगा सकते हैं कि उनके अनुयायी रात-रात भर खड़े होकर उनके अंतिम दर्शन के लिए इन्तजार करते रहे।

भारत रत्न पूर्व प्रधानमंत्री अटल बिहारी वाजपेयी के अस्थि कलश को अगले दिन भाजपा मुख्यालय से सभी जिलों के लिए रवाना किया गया। जिसमें अस्थि कलश यात्रा में एनडीए के नेता सम्मिलित हुए हैं। अटलजी की अस्थियों को देश की विभिन्न नदियों में प्रवाहित करने के लिए भेजा गया।

बीजेपी के पुराने मुख्यालय से पीएम नरेंद्र मोदी और बीजेपी अध्यक्ष अमित शाह ने बीजेपी के सभी प्रदेश अध्यक्षों को अटल बिहारी वाजपेयी का अस्थि कलश सौंपकर देश भर में यात्रा के लिए रवाना किया था। जो आज भी अपना सफर तय कर रही है। जहाँ भी उनका अस्थि कलश जा रहा था, जनता अपने लोकप्रिय नेता के अस्थि कलश में शामिल होकर अपनी आस्था प्रकट कर रही थी।

योगी सरकार ने तो अटल बिहारी वाजपेयी की अस्थियों को प्रदेश के 75 जिलों की 163 नदियों में विसर्जित करने का एलान ही नहीं किया, बल्कि आम जनता को भी अटल जी के विचारों से जोड़ने का काम किया है। इसके अलावा कई जिलों में स्मारक बनाने का भी एलान किया गया है।

यही नहीं उत्तराखंड के हरिद्वार में अटल बिहारी वाजपेयी की अस्थियों को प्रवाहित किया गया था। इस दौरान भारतीय जनता पार्टी के अध्यक्ष अमित शाह, उत्तर प्रदेश के मुख्यमंत्री योगी आदित्यनाथ समेत कई बड़े नेता मौजूद रहे। आज कई शहरों में अस्थि कलश यात्रा निकली और अस्थियां, नदियों-समंदर में विसर्जित की गईं।

अटल जी के निधन से पहले मध्य प्रदेश में जन आशीर्वाद यात्रा और राजस्थान में गौरव यात्रा को रोककर अब उन्होंने अटल अस्थि कलश यात्रा को शुरू कर दिया है ताकि अटल जी का सन्देश जन-जन तक पहुँचाया जा सके। स्वर्गीय प्रधानमंत्री श्री अटल बिहारी वाजपेयी देश के नेता हैं। पूरा

देश उनका परिवार है इसलिए देश के नागरिकों की पूर्व प्रधानमंत्री के प्रति संवेदना को देखते हुए भाजपा पूरे देश की पवित्र नदियों में उनकी अस्थियों को विसर्जित कर रही है ताकि देश के लोग अपने सर्वप्रिय नेता व पूर्व प्रधानमंत्री स्वर्गीय श्री अटल बिहारी बाजपेयी को अपनी सांत्वना दे सकें।

सभी भाजपा अध्यक्ष अपने-अपने राज्यों में वाजपेयी की अस्थियों का कलश लेकर जा रहे हैं। हर राज्य में अस्थि कलश यात्रा निकाली जा रही है। पूर्व प्रधानमंत्री की इस कलश यात्रा के लिए राजधानियों, जिलों और तालुकों में भी कई कार्यक्रमों का आयोजन किया जा रहा है। क्योंकि पार्टी का हर सिपाही एवं देश का हर नागरिक कालजयी व्यक्तित्व वाजपेयी जी को सम्मानपूर्वक श्रद्धांजलि अर्पित करना चाहता है। इस क्रम में पार्टी ने देश के सभी राज्यों में दिवंगत वाजपेयी जी की अस्थि कलश यात्रा निकालने का निश्चय किया है ताकि राष्ट्र अपने महान सपूत को श्रद्धा-सुमन अर्पित कर सके। इसीलिए अटल बिहारी वाजपेयी की अस्थि कलश यात्रा देश के सभी राज्यों में आदर और श्रद्धा के साथ निकाली जा रही है और राज्य की सभी पवित्र नदियों में पूरे विधि-विधान के साथ अस्थियाँ विसर्जित की जा रही हैं।

विश्व हिंदी सम्मेलन में भी अटल जी का गम छाया रहा। सम्मेलन के उद्घाटन में विदेश मंत्री सुषमा स्वराज और मॉरीशस के प्रधानमंत्री प्रवीण जगन्नाथ सहित अनेक महत्त्वपूर्ण लोगों की उपस्थिति में उनको श्रद्धांजलि दी गयी। सम्मेलन में अटल जी के निधन की छाया साफ दिखाई दी। हर किसी ने उनके हिंदी प्रेम का स्मरण किया। उद्घाटन के बाद एक पूरा सत्र अटल जी को ही समर्पित था, जिसमें कुछ देशों के प्रतिनिधियों ने अपने विचार व्यक्त किए। अटल जी की विरासत को मॉरीशस में मजबूत करने के लिए मॉरीशस के सायबर टॉवर का नाम अटल बिहारी वाजपेयी सायबर टॉवर करने का एलान मॉरीशस के प्रधानमंत्री प्रवीण जगन्नाथ ने कर दिया।

जैसे-जैसे अटल जी का अस्थि कलश विभिन्न राज्यों से होकर गुजर रहा है, वैसे-वैसे अटल जी की याद में अनेकों घोषणाएं होने लगी हैं। इससे यही समझा जा सकता है कि अटल बिहारी जी देश की आवाम के दिलों में हमेशा जीवित रहेंगे।

PROF. DR. PUSHPITA AWASTHI

Pushpita has travelled widely in the Caribbean and other countries world-wide in fact other than China and Pakistan. She has visited the rest of the world. Her writings deal mainly with the Indian diaspora who immigrated to foreign lands in the form of bonded labourers at the behest of their foreign rulers. Through the form of poetry and prose in English, Hindi and Urdu she has painted a portrait of their lives and aspirations. She has received praise and accolades in the literary world.

Her poetry collections are also published in English, Russian and Dutch languages: In Woordenbestaat Ze, Amsterdam, India institute; Hetbeeld in de rots (Dutch), The Statue in the rock, The Netherlands, 2010, Devvriksh (Hindi & English), Remadhav Art India, Echoes in the Earth, Willowdown Books UK, Pushpita's works swirl with energy: darting and surprising, leaping and resting, comforting and challenging, flow with the ease of the Ganges, intrinsic to the soul of humanity of the planet and of the universe. Apart from four collections of short stories she has also published a novel in Hindi called Chhinnamool.

This is the first ever novel written in Hindi on the life of people of Surinami Hindustani. This novel has subsequently been translated in Urdu and in English language

Professor Pushpita Awasthi was born on 14th January in Kanpur, India. She studied at the renowned Banaras (Kashi) Hindu University, Varanasi, India, and later for 20 years headed the Department of Hindi at J. Krishnamurti Vasanta College for Women, a constituent college of Banaras Hindu University till 2001. In 2001 she moved to Suriname (South America) as **First Secretary and Professor of Hindi at the Indian Cultural Centre of the Indian Embassy at Paramaribo.**

She organized the seventh World Hindi Conference in 2003 at Paramaribo. Ph.D in Hindi literature, Dr Pushpita Awasthi was awarded **Padmabhushan Moturi Satyanarayan Award** for the promotion of Hindi in foreign countries by the **President of India, Mr. Pranab Mukherjee on 30 May 2017.** Prof. Pushpita has about seventy eight (78) books to her credit which include collection of poems. Her poems are also included in an international magazine **Poetic Bond V & VI (2015-2016)** published from **Willowdown Books, U.K.** In her poems the everyday, contemporary experience echoes the mystic poetry of **Kabir and the love poetry** of **Sanskrit poet Jaidev.** Nature and love are the twin themes of her extraordinary poetic expression. She has also published the first ever novel written in Hindi on the life and culture of people of Surinam called Chhinnamool, which has recently been translated in Englished by the name Separated Emotions,. Prof. Pushpita Awasthi was awarded the **Rabindranath Tagore Award** for poetry **Constituted by Kolkata University at the 2018 convocation** by the **Chief Minister of Bengal Mamta Banerjee.** She also received the **2018 Kusumanjali Foundation award for the best Fiction Chinmool** by the **Internationally famed correspondent Mark Tully. Outllook** Magazine brought out a special review and research edition containing research work by twenty-six reviewers and intellectuals. Also, six Universities have research scholars working on the Novel Chinamool or Separated Emotions.

At the root of creativity lies the soil in which you are brought up and nurtured. Being educated, and later on serving as a teacher, in the educational institute of a world-renowned **thinker J. Krishnamurti in Varanasi, Shri Aurobindo and Swami Vivekanand nourished Pushpita's sensitivity** for nature and all living beings. The neighboring institutes of Vinoba **and Gandhi enriched her with the wisdom of Sarvodaya thinking.** She also witnessed the presence of great pioneer of Land-gift movement (Bhoodan) Sant Vinoba Bhave. She also got the opportunity to have dialogues with **Jayprakash Narain,** the great social reformer who initiated the movement called **"Sampoorna Kranti"** (Total Revolution) and with great Gandhian thinker Narayan Desai. Early exposure to all these streams of thoughts contributed in building a strong foundation for the creative world of Pushpita which was enriched with humanitarian philosophy of J. Krishnamurti and non-violent philosophy of Gandhi and Vinoba.

Pushpita also came in ideological contact with great Gandhian thinkers Prof. S.N. Subbarao, Dr. Ramji Babu, Gautam Bajaj, Ramchandra Rahi and Sadhak ji. She had dialogues with well-known Hindi authors and critics like Amrit Rai, Prof. Shiva Prasad Singh, Smt. Mannu Bhandari, Amrita Pritam, Nasira Sharma, Prof. Namvar Singh, Prof. Chandrabali Singh and Shrilal Shukla. She also got inspired by Buddhist scholars like Prof. Krishnanath and Prof. Samdhong Rinpoche.

Established as a renowned poetess in both Hindi and English, Pushpita has expanded her writings to include fiction writing in the form of short stories in both languages as well as the present volume a novel about the lives of Indian bonded labourers and their descendants.

Prof. Pushpita's current positions:

- President, **Hindi Universe Foundation, Netherlands**
- International Coordinator of Atal Foundation.

- Global Ambassador of Harijan Sevak Sangh
- National President of Acharyakul, Wardha, India
- International Convener, **Rashtrabhasha Prachar Samiti,** Wardha, Ministry of Human Resource Development, India
- International Convener, **Rashtrabhasha Prachar Samiti,** Wardha, Ministry of Human Resource Development, India
- Global Ambassador for **World Peace, MIT World Peace University,** Pune, India.
- **UNESCO** Chain for Human Rights, Democracy, Peace & Tolerance, Alandi, Pune, India
- President, **Guardian of Earth & Global Culture International Foundation,** Netherlands & India
- President, **International Non-violence & Peace Academy,** Netherlands & India
- Chairman, **Vinoba Seva Sansthan,** Gwalior, India
- General Secretary, **International Indian Cultural Council, Mauritius**
- Senior Fellowship, **Indian Council for Cultural Relations (ICCR),** Ministry of Foreign Affairs, Indian Government
- International Coordinator, Rural Business Hub, **RIIIGSC Pvt. Ltd.** India
- Patron and Editor, **Amstel Ganga** magazine, Netherlands
- Research-work: Research on the writings of Dr. Pushpita Awasthi going on in **67 universities** of India and abroad.

Other Work by the Author:

Monograph

- **Suriname**, Radhakrishna Prakashan, Delhi, 2003, ISBN 8171198736

- **Suriname**, National Book Trust, Delhi, 2009, ISBN 978-8123759821
- **Netherlands-Diary**, Kitabghar Prakashan, 2018, ISBN 978-8193372890

Edited Books

- **Kavita Suriname**, Rajkamal Prakashan, Delhi, India, 2003, ISBN 817119835X
- **Katha Suriname**, Rajkamal Prakashan, Delhi, India, 2003, ISBN 8171198368
- **Dosti ki Chah**, Poems of Jeet Narain, Rajkamal Prakashan, Delhi, India, 2004, ISBN 8136708271
- **Devanagari Script for Beginners**, Suriname, 2003, ISBN 999147031X
- **Suriname ka Srijanatmak Sahitya**, Sahitya Akademi, Delhi, India, 2012, ISBN 978-8126030958

Poems in English and Dutch

- **In Woordenbestaat Ze**, Amsterdam, India Institute, 2008, ISBN 9789080143746
- **Hetbeeld in de rots** (poems translated in Dutch) Amrit Consultancy, Netherlands, 2010, ISBN 978907489570
- **The Statue in the rock** (Poems translated in English) Amrit Consultancy, The Netherlands, 2010, ISBN 97890721073
- **Devvriksh** (Poems in Hindi and English) Remadhav Art Pvt. Ltd, Ghaziabad, India 2009 ISBN 9788190721073 (muliti Language)
- **Echoes in the Earth**, Willowdown Books U.K. 2016

Publications In International Books

- **Poetic Bond V**, Willowdown Books, U.K. 2016
- **Poetic Bond VI**, Willowdown Books, U.K. 2016

English Novel

- **Separated Emotions,** Diamond Pocket Books, New Delhi

Miscellaneous

- **Hindi Teaching in Caribbean countries**, Radhakrishna Prakashan, Delhi, India, 2004, ISBN 8126707984
- **Suriname Hindi Parishad Ka Itihas**, Rajkamal Prakashan, Delhi, India, 2004, ISBN 8126707984
- **Netherland Banaam Holland**: Jeevan Sanskriti, Adharshila Prakashan, Nainital, India, 2014, ISBN 9789381913192
- **Samundar Paar Mein Bhartiya Man**, Vikas Prakashan, Kanpur, India, 2020, ISBN 9788194328575

Children's Book

- **Kanch Ka Baksa**, Nationa Book Trust, Delhi, India, 2011, ISBN 9788123762272

Criticism

- **Aadhunik Hindi Kavyalochana Ke Sau Varsh**, Radhakrishna Prakashan, Delhi, 2006, ISBN 8183610951
- **Bharatvanshi: Bhasha Evam Sanskriti**, Kitabghar Prakashan, Delhi, 2015, ISBN 9789385054259

Collection of Short Stories

- **Gokharoo**, Radhakrishna Prakashan, Delhi, 2002, ISBN 817119768X
- **Janm**, Radhakrishna Prakashan, Ghaziabad, India, 2011, ISBN 9788181664129
- **Kantaki Bagaan**, Antika Prakashan, Ghaziabad, India, 2019, ISBN 9789388799157
- **Keti-Koti**, Antika Prakashan, Ghaziabad, India, 2020, ISBN 9789388799355
- **Mutthi Bhar Sukh**, Sasta Sahitya Mandal Prakashan, ISBN 9789388359764

Novel

- **Chhinnamool**, Antika Prakashan, Ghaziabad, India 2016 (The first ever novel written in Hindi on the life of people in Surinam) ISBN 9789385013461. This is also published in Urdu and in English language as Separated Emotions by Diamond Pocket Books

Interview

- **Sanskritik Alok Se Samvad**, Bhartiya Jnanpeeth, India 2006, ISBN 81262311908

Poetry

- **Shabd Bankar Rahti Hain Rityuen**, Kathyroop Prakashan, Patrika, Allahabad, India, 1997
- **Akshat**, Radhakrishna Prakashan, Delhi, India 2002, ISBN 8171197426
- **Ishwarashish**, Radhakrishna Prakashan, Delhi, India 2005, ISBN 8171193994
- **Hridaya Ki Hatheli**, Radhakrishna Prakashan, Delhi, India 2007, ISBN 9788183611787
- **Ras Gagan Gupha Me Ajhar Jharai**, Granth Academy, Delhi, India 2007, ISBN 7188267146
- **Antardhwani**, Medha Books, Delhi, India 2009, ISBN 9788181663030
    - India, 2009, ISBN 9788190721073
- **Tum Ho Mujhme**, Rajkamal Prakashan, Delhi, India, 2013, ISBN 978883616058
- **Shabdon Me Rahti Hai Wah**, Kitabghar Prakashan, Delhi, India 2014, ISBN 9789383233298
- **Bhojpatra**, Antika Prakashan, Ghaziabad, India, 2015, ISBN 9789385013188
- **Garbh Ki Utran**, Antika Prakashan, Ghaziabad, India, 2016, ISBN 9789385013977
- **Aankhon Ki Hichkiyan**, Diamond Books, 2023, ISBN 9789356846616
- **Prose Anubhav aur Anubhutiyan**, Diamond Books, 2023, ISBN 9789359200279

Translation Work in Hindi

- Translation of the poems of some of the renowned poets including Derek Walcott.

- J. Krishnamurti's book **'The Magnitude of Mind'** in Hindi and published by Rajpal & Sons, Delhi

Documentary Film Production

Dr. Pushpita has made documentary films on the life and literature of **Shrilal Shukla, Prof. Vidya Niwas Mishra** and **Prof. Shivprasad Singh** of 3 hours each between 1987 and 1995. These were telecast by **Lucknow Doordarshan.**

Dr Pushpita has made **documentaries on the culture** and the nature of Suriname which was screened during the **7th World Hindi Conference in 2003.**

Organization of 7th World Hindi Conference

During the tenure at the Indian Embassy in Suriname, Prof. Pushpita took keen initiatives for two yars and cooperated the Indian government and the organizers with significant efforts in planning of the 7th World Hindi Conference in 2003.

She has been regularly partaking in various **World Hindi Conferences** as well as the **Frankfurt Book Fair in Germany**.

Creative Global Presence

Professor Pushpita has been involved in the promotion and propaganda of Hindi language, literature and Indian culture across Europe and countries with Indian diaspora. She has been cooperating with intellectuals, writer and cultre workers globally for creating literature. She is the Honorary Member of many such oganizaions. She has undertaken diplomatic and literary journeys to countries like Japan, Mauritius, Canada, USA, South America, South Africa, Australia, New Zealand, Caribben countries and many others.

Significant Achievements

- Senior Fellowship of **Indian Council for Cultural Relations (ICCR),** Ministry of Foreign Affairs,

Indian Government, 2019-2020

- **'Pravasi Hindi Sahitya Bhushan Award'** by Uttar Pradesh Hindi Sansthan
- Invited as a **Non-Resident Indian Writer** in 2019 by Mahatma Gandhi International Hindi University, Wardha, India
- **Gandhi Peace Award** 2019
- Nominated as part of the **official delegation by the Prime Minster's Office of India** for the **11th World Hindi Conference in Mauritius** from 18-20 August 2018.
- Filmization of Dr. Pushpita's poetry 'Prithvi' in Dutch and Hindi language by **NTR TV Channel of Netherlands** on 4 June 2017.
- Invitation to write a special chapter on the language, literature and journalism of Indian diasporas for the **Hindi Sahitya Gyan Kosh** (Shambunath Bharatiya Bhasha Parishad) in 2017.
- Special power-point presentation and recitation of poetry in the **Suriname House** & Leiden University.
- Prof. Pushpita's books are available in the libraries of Suriname Houses of Leiden, Amsterdam, the Hague of Netherlands and of Guyana, Trinidad and Mauritius.
- Research work being done in various universities in India and abroad on **more than 70 books authored** by Prof. Pushpita.
- Participation in the proposal and planning of the **7th World Hindi Conference in Suriname in 2003.**
- **First ever publication of in Hindi on Suriname's Hindustani literature in 2003.**
- Publication of two magazines in Suriname since 2003: **'Shabda Shakti'** and **'Hindinama'.**
- Production of a **documentary film on Suriname** which was telecast in the 7th World Hindi Conference in Suriname in 2003.

- Formation of two literary forums in Suriname in 2003: **'Sahitya Mitra'** and **'Vidyaniwas Suriname Sahitya Sanstha'.**
- Through its Dutch and Hindi channels Suriname TV telecasted weekly and monthly lectures on Hindi language, literature and Indian culture.
- Newspapers of Suriname - **De ware Tijd** and **Dagblad Suriname** - published articles on the work of Prof. Pushpita.
- Publication of **'Netherlands Diary'** on the life and culture of Netherlands by **Kitabghar Prakashan, Delhi - a first-ever book** of its kind in Hindi.
- A **CD of Pushpita's poetry** was released with the help of **Amsterdam Music Department and broad casted on Radio in Netherlands.**
- Interview with Noble laureate novelist **Orhan Pamuk** and **Derek Walcott.**
- A book of interviews with Prof. **Vidya Niwas Mishra** titled **'Sanskritik Alok Se Samvad'** was published by Bhartiya Jnanpith.
- Organized several **national and international seminars as Head of Hindi Department** in Vasanta College for Women, Varanasi, India.

In Suriname:

- 2001-2005: Organized a number of symposiums in collaboration with the History and Language Departments of Suriname University as an officer of Indian Embassy.
- **2003: 7th World Hindi Conference in collaboration** with the Indian Government.
- 2005: International seminars in **Trinidad and Guyana** in collaboration with Suriname Hindi Parishad.

In Netherlands and Europe:

- 2006-2018: Participation/organization of various

Embassy, Vrije University, **Gandhi Centre, Bharat Bhawan, FCCI, NICCT** and such reputed organizations as the director of Hindi Universe Foundation.

- 2014: A first-ever publication of an online literary magazine in Hindi from Netherlands: **Amstel-Ganga.** Ganga represents the Indian culture and Amstel represents the Western culture. Coming together of both the cultures is a need of the contemporary times.

Highlights

- Formation of three organizations in Suriname dedicated for Hindi in 2003: **'Sahitya Mitra', Vidya Niwas Suriname Sahitya Sansthan'** and **'Caribbean Hindi Sansthan'.**
- Propagation of Hindi literature and language in world including in Suriname through two magazines: **'Sahitya Mitra'** and **'Hindinama'.** She **established Hindi Universe Foundation in Netherlands in 2006**. Due to the efforts of the Foundation, following writers of Suriname got recognition and awards: **Pandit Haridev Sahtu in the 8th World Hindi Conference in New York, Shri Bhola Narayan in the 9th World Hindi Conference in South Africa** and **Shri Surjan Parohi in the 10th World Hindi Conference in India.**
- During her tenure at the India Embassy in Suriname, Prof. Pushpita helped in the development of Suriname Hindi Parishad, Guyana Hindi Parishad and Trinidad Hindi Nidhi. She also helped in creating **Caribbean Hindi Sansthan** (organizations) in the following Caribbean Countries: Venezuela, Saint Lucia and Curacao. She was also the president of these organizations for two and a half years.
- Eminent Scholars from many countries including India, such as James Ramlal, poet Jeet Narain,

Shriniwasi from Suriname, Shri Janaki Prasad Singh, Prof. Vishwananth Prasad Tiwari, Prof. Kamal Kishor Goenka, poet Leeladhar Mandloi, Prof. Revati Raman, Prof. Om Nishcal and Shri Rajendra Upadhyaya have written articles on the works of Prof. Pushpita Awasthi.

- 'Pushpita Sahitya Sansar': An interview of Pushpita Awasthi on Lok Sabha TV.
- Participation in Lucknow Literary Festival in 2016 and Dehradun Literary Festival in 2018.
- In collaboratioin with the Indian literary-cultural organization called 'Adhashila', Hindi Universe Foundation of Prof. Pushpita Awasthi organized an international Hindi conference in Netherlands.
- Pushpita is the first Hindi author who has done **world tour of 117000 Km on a ship.**
- Pushpita is known to Dutch newspapers and **NTR channel** where her writings are still published. German-Dutch poet Herman van Veen is among the distinguished personalities who appreciate her poetry.
- She is also the first scholar of Amar Indian society, culture and literature.
- Scholar of Naturopathy and Yoga.
- Since 2001, she has been active in the promotion of Sanatan Indian culture in the temples of Suriname and Netherlands.

Work related to Hindi Teaching

- Publication of two magazines for giving basic introduction of Hindi **'Hindinama'** and **'Shabdashakti'.**
- While living in Suriname ran weekly classes for learning creative writing on Saturdays from 2001 to 2005.

- Conducting Hindi exams for **Suriname Hindi Parishad** for 5 years.
- Re-introduction of Hindi Kovid Exams in Suriname.
- Hindi talks and discussions through **Radio in Suriname** and neighboring countries and in Europe.
- Transcribed, edited and published works of poets, playwrights and story writers from Surinamese and Roman scripts into Devanagari script.

Publication in Newspapers and Magazines

Work of Prof. Pushpita has been published in all reputed print media in India for the last 40 years:
Kadambani, Navbharat Times, Hindustan, Dainik Jagaran, Aaj, Pahal, Vasudha, Kathadesh, Aksharam, Garbhnaal, Vagarth, Bahuvachan, Dastavej, Lamahi, Hans, Vartman Sahitya, Poorvagrah, Naya Gyanodaya and many more.

Contact Details:

Prof. Prof. Pushpita Awasthi
President, Hindi Universe Foundation Postal

Mobile: 0031-630410778
0091-7058462951

Email: pushpitaawasthi1960@gmail.com;
info@pushpitaawasthi.com

Website: www. pushpitaawasthi.com

National President–Sant Vinoba Bhave Acharyakul
Global Ambassador for World Peace Centre Alandi & MIT University, Pune Maharastra

Postal Address Netherlands:
PO Box 1080, 1810 KB Alakmaar, Netherlands

Postal Address India:
110 Warud Road, Doctor's Colony Sewagram, Wardha-442001 Maharashtra-Bharat

DIAMOND BOOKS

www.diamondbook.in

Address In India :

Book Can be Had From Diamond Books :

X-30, Okhla Industrial Area, Phase-2, New Delhi-110020

Email : nk@dpb.in, Mobile : +91-9810008004

Website : www. diamondbooks.in